ROT VEGGIES KOKEBOKEN

Mestring av rotgrønnsaksmat gjennom 100 oppskrifter

Aurora Bakke

Copyright materiale ©2024

Alle rettigheter reservert

Ingen del av denne boken kan brukes eller overføres i noen form eller på noen måte uten riktig skriftlig samtykke fra utgiveren og opphavsrettseieren, bortsett fra korte sitater brukt i en anmeldelse. Denne boken bør ikke betraktes som en erstatning for medisinsk, juridisk eller annen profesjonell rådgivning.

INNHOLDSFORTEGNELSE _

INNHOLDSFORTEGNELSE _..3
INTRODUKSJON...8
SELLERI...9
1. SELLERI- OG OSTESUFFLÉ...10
2. KNOLLSELLERI OG EPLESUPPE MED KNUSTE VALNØTTER...........13
3. SVINESCHNITZEL MED KNALLSELLERI-REMOULADE....................15
4. HVITLØKSRISOTTO MED VAKTEL...18
5. KREM AV BLÅSKJELLSUPPE MED SAFRAN..................................21
PASTINAKK..23
6. BRUN RIS, MANDEL OG GRØNNSAKKROKETTER.........................24
7. KALKUNSUPPE MED CHARD OG PASTINAKK...............................26
8. FERSKEN OG PASTINAKK OPP-NED KAKE....................................28
9. GARBANZO PASTINAKK GNOCCHI MED GRANATEPLE.................30
10. PASTINAKK OG GULROTFRITTER..33
11. PASTINAKK VINTERSUPPE...35
RUTABAGA..37
12. BBQ PASTIES..38
13. R UTABAGA POTETSTUING..40
14. BIFFGRYTE MED ROTGRØNNSAKER...42
15. KALKUNPØLSE MED ROTGRØNNSAKER....................................44
16. RIK UNGARSK GULASJSUPPE...46
17. BOKHVETEBAKE MED ROTGRØNNSAKER.................................48
18. HAVABBOR MED STEKTE ROTGRØNNSAKER.............................50

19. CARNIVORE BIFF GRYTERETT MED ROTGRØNNSAKER..............52
20. TAPIOKASUPPE OG HØSTGRØNNSAKER.........................55
21. FERMENTERT HAKKET SALAT MED RUTABAGA.................57
22. HØST KYLLING OG ROTGRØNNSAKSUPPE........................59
23. HØSTFESTIVAL KALKUNSUPPE....................................61
24. LAM OG ROTGRØNNSAKSUPPE...................................63
25. OKSEHALESUPPE MED RUTABAGA...............................65
26. BEGEDIL POTETKAKER..67
27. HØST GRØNNSAKER OG QUINOA...............................69
28. KLASSISK POT-AU-FEU...71
29. OSTEAKTIGE BACONBITER.....................................74

NEPER...76

30. KÅLROT OG LØKGRYTE...77
31. TRYLLERIPEVIN..79
32. THANKSGIVING BRAISERTE NEPER............................82
33. TAIWANESISK KÅLROTKAKESUPPE...........................84
34. BLANDET GRØNT MED KÅLROT..............................87
35. PERSIMMONS OG DAIKON TEMAKI............................89
36. SNOW PEA SHOOT DAIKON ROLLS.............................91

REDDIK..93

37. STEKT YUZU-KYLLING MED JAPANSK SLAW..................94
38. DAMPET FISK..96
39. JAPANSK RISOTTO MED SOPP.................................98
40. STEKT KYLLING MED PISTASJPESTO..........................100
41. HAGE FERSK PIZZA...102
42. KREMET REDDIKSUPPE..104

43. KRYDRET REDDIK OG GULROTSUPPE 106
44. REDDIK OG POTETSUPPE 108
45. REDDIKGRØNN SUPPE 110
46. AVKJØLT REDDIKSUPPE 112
47. REDDIK OG BETESUPPE 114
48. REDDIK OG TOMATSUPPE 116
49. REDDIK OG KOKOS KARRISUPPE 118
50. REDDIK OG SPINATSUPPE 120
51. REDDIK OG SOPPSUPPE 122
52. STEKT SØTPOTET OG PROSCIUTTO SALAT 124
53. VANNMELON MED REDDIK MIKROGRØNNSALAT 126
54. MIKROGRØNT OG SNØERTESALAT 128
55. MIKROGRØNN VÅRSALAT 130
BETE 132
56. RØDBETEHASJ MED EGG 133
57. RØDBETESKORPE FROKOSTPIZZA 135
58. B ET CHIPS 137
59. DILL OG HVITLØKSBETER 139
60. RØDBETE FORRETT SALAT 141
61. BETE BÅTER 143
62. BETE FRITTERS 145
63. FYLTE RØDBETER 147
64. SPANSK MAKRELL GRILLET MED EPLER OG RØDBETER 149
65. RØDBETERISOTTO 151
66. BETE SLIDERS MED MICROGREENS 153
67. REKER MED AMARANT OG GEITOST 155

68. GRILLET KAMSKJELL MED FERSK BETESAUS..................158
SØTPOTET..................160
69. FRITTATA MED SØTPOTET OG SPINAT..................161
70. SØTPOTET FROKOSTSKÅL..................163
71. SØTPOTET OG PØLSE FROKOSTGRYTE..................165
72. SØTPOTET FROKOST COOKIES..................167
73. SØTPOTET OG BACON FROKOSTGRYTE..................169
74. SØTPOTET SMOOTHIE BOWL..................171
75. SØTPOTET FROKOST BURRITO BOWL..................173
76. CEVICHE PERUANO..................175
77. INGEFÆREDE SØTPOTETFRITTER..................177
78. SØTPOTET MARSHMALLOW BITER..................179
79. FYLTE SØTPOTETER..................181
80. TEMPURA SØTPOTETER..................183
81. KALKUN OG SØTPOTET TEMPURA..................185
82. SWEET POTET NACHOS..................187
83. BAKTE SØTPOTETGULL..................189
84. KARRIKRYDRET SØTPOTETCHIPS..................191
85. BBQ SØTPOTETCHIPS..................193
86. SØTPOTETRUNDER..................195
87. KALKUNSKYVERE MED SØTPOTET..................197
88. SØTPOTET OG GULROT TINGA TACO..................199
89. LINSER OG RIS KJØTTBOLLER..................201
90. SØTPOTET MARSHMALLOW GRYTE..................203
91. CORNFLAKE SØTPOTETGRYTE..................205
92. BØNNE, HIRSEBRØD MED SØTPOTETER..................207

93. SØTPOTET GNOCCHI MED ROCKET PESTO..................................209

94. KASTANJE OG SØTPOTET GNOCCHI..212

95. SØTPOTET- OG GULROTGNOCCHI..215

JERUSALEM ARTISJOKK..217

96. VEGETARISK CARPACCIO...218

97. JORDSKOKKER MED GRANATEPLE...220

98. ARTISJOKK CILANTRO COCKTAIL..222

99. STEKT KYLLING MED JORDSKOKK..224

100. SPINAT OG SØTPOTET LASAGNE..226

KONKLUSJON..229

INTRODUKSJON

Velkommen til «ROT VEGGIES KOKEBOKEN», din omfattende guide til å mestre kunsten med rotgrønnsakskjøkken gjennom 100 deilige oppskrifter. Denne kokeboken er en feiring av rotgrønnsakenes mangfoldige og næringsrike verden, og guider deg gjennom en kulinarisk reise som utforsker smaker, teksturer og allsidighet. Bli med oss når vi legger ut på et matlagingseventyr som løfter ydmyke røtter til kulinarisk fortreffelighet.

Se for deg et bord som er utsmykket med levende stekte grønnsaker, solide gryteretter og kreative retter – alt inspirert av rotgrønnsakenes jordiske godhet. "The I Root Veggies Cookbook" er ikke bare en samling oppskrifter; det er en utforskning av de ernæringsmessige fordelene, sesongens variasjon og kulinariske muligheter som rotgrønnsaker tilbyr. Enten du er en erfaren hjemmekokk eller nettopp har begynt på din kulinariske reise, er disse oppskriftene laget for å inspirere deg til å få mest mulig ut av naturens underjordiske skatter.

Fra klassiske ristede rotgrønnsaker til innovative retter med pastinakk, rødbeter, gulrøtter og mer, hver oppskrift er en feiring av jordsmaken og næringsrikdommen som rotgrønnsaker gir til bordet ditt. Enten du planlegger en familiemiddag eller ønsker å legge til variasjon til dine plantebaserte måltider, er denne kokeboken din beste ressurs for å mestre kunsten med rotgrønnsakskjøkken.

Bli med oss mens vi graver inn i det kulinariske potensialet til rotgrønnsaker, hvor hver kreasjon er et vitnesbyrd om mangfoldet og tilpasningsevnen til disse underjordiske perlene. Så, ta på deg forkleet, omfavn den naturlige godheten, og la oss legge ut på en smaksrik reise gjennom "ROT VEGGIES KOKEBOKEN."

SELLERI

1.Selleri- og ostesufflé

INGREDIENSER:
- 1¾ kopp selleri, skrelt og i terninger
- 2 frittgående egg
- ½ kopp skummet 2% fettmelk
- 1 ss maismel
- 4 ss halvfet moden ost, revet
- 2 ss finrevet parmesan
- ¼ ts nyrevet muskatnøtt
- ¼ ts havsalt, delt
- ¼ ts nykvernet sort pepper
- 2 sprayer med olivenoljespray

BRUKSANVISNING:
a) Forvarm ovnen til 170C varmluft, 375F, gassmerke 5. Smør innsiden av 2 ovnsfaste ramekins og legg dem i en ildfast form.
b) Skrell sellerien og skjær den i biter. Tilsett dette og ⅛ teskje salt i en kjele med kokende vann og kok i 4-5 minutter til de er møre.
c) Hell av selleri og puré i en mini-foodprosessor til den er jevn, og ha over i en bolle.
d) Hvis du ikke har en mini foodprosessor, moser du bare sellerien i en bolle med en gaffel til den er jevn.
e) Krydre sellerien med salt, pepper og nyrevet muskatnøtt. Riv osten og bland den.
f) Skill eggene, legg eggehvitene i en ren bolle og ha eggeplommene i bollen med selleri.
g) Pisk eggeplommene inn i selleripuréen og sett til side.
h) Slapp av maismelet med melken og hell blandingen i kasserollen.
i) Varm opp på middels varme, mens du visp hele tiden, til sausen tykner, og kok deretter i ytterligere et minutt.
j) Tilsett 5 ss av den revne osteblandingen i sausen og visp til den har smeltet. Ikke bekymre deg for at sausen din er mye tykkere enn en hellesaus ville vært, denne tykke sausen har riktig konsistens for å lage suffléen.
k) Vend ostesausen inn i selleriblandingen.
l) Sett kjelen på et oppkok.

m) Bruk en ren visp og pisk eggehvitene til de danner stive topper, men ikke overpisk.
n) Eggehviten skal være fast og toppene holde formen uten at det er flytende hvitt igjen.
o) Bruk en slikkepott eller metallskje, og brett 1 ss inn i selleriblandingen for å gjøre den lysere.
p) Tilsett så halvparten av den gjenværende eggehviten i selleriblandingen.
q) Med en lett berøring, brett dette raskt inn, skjær gjennom blandingen og snu den til alt er godt kombinert, men fortsatt lett og luftig.
r) Gjenta med den gjenværende piskede eggehviten. Hell blandingen jevnt mellom de tilberedte ramekins og dryss over den resterende revne osten.
s) Legg ramekins i stekeformen og hell forsiktig ca 2,5 cm/1" kokende vann i stekeformen, pass på at du ikke spruter ramekinene.
t) Sett i ovnen og stek i 20-25 minutter til suffléene er godt hevet og gyllenbrune.
u) Server rett fra ramekin og spis umiddelbart!

2.Knollselleri og eplesuppe med knuste valnøtter

INGREDIENSER:
- 1 løk, skrelt og grovhakket
- 1 selleri (600–800 g), skrelt og i terninger
- 2 Cox's epler, skrelt, kjernehuset og grovhakket
- 2 ss olivenolje
- 1 ss timianblader
- 1 liter grønnsakskraft
- Havsalt og nykvernet svart eller hvit pepper
- Å servere
- Stor håndfull valnøtter, grovhakket
- Ekstra virgin olivenolje, til drypp

BRUKSANVISNING:
a) Forbered løk, selleri og epler som oppført.
b) Sett en stor kjele på middels varme og tilsett olivenolje. Når den er varm, tilsett løken med en klype salt og stek i 4–5 minutter, eller til den er myk, men ikke farget.
c) Tilsett selleri, epler og timianblader og stek i 5 minutter.
d) Hell i grønnsakskraften og kok opp. Fortsett å småkoke i 5 minutter til, eller til sellerien er mør.
e) Ta kjelen av varmen og bruk en stavmikser til å mikse godt. Smak til med salt og pepper, og smak til og tilsett mer krydder etter behov.
f) Hell over i varme boller, strø over de hakkede valnøttene og drypp over litt ekstra virgin olivenolje før servering.

3.Svineschnitzel med knallselleri-remoulade

INGREDIENSER:
- 2 x 220g benfri svinekoteletter
- 50 g vanlig mel
- 1 egg
- 80 g ferske brødsmuler
- 1 ts tørket dill
- 1 ts paprika
- Vegetabilsk olje, til steking
- Havsalt og nykvernet sort pepper
- For remuladen
- 200 g selleri, skrelt og finhakket
- 2 ss majones
- 1 ts fullkornssennep
- 2 ss rømme
- 1 ss finhakket flatbladpersille
- Skvis av sitronsaft

Å SERVERE
- 2 små håndfuller brønnkarse
- Sitronskiver (valgfritt)

BRUKSANVISNING:

a) Bruk en skarp kniv til å skjære fettet av hver pinnekjøtt. Legg dem mellom to stykker matfilm og bruk en klubbe eller kjevle for å flate dem ut til en tykkelse på 5 mm.

b) Ha melet i en grunne bolle, smak til med salt og pepper og bland godt. Pisk egget lett i en annen grunn bolle. Ha brødsmulene i en tredje grunn bolle og bland inn dill og paprika. Krydre begge sider av kotelettene, og legg deretter hver av dem først med mel, deretter i egget og til slutt i brødsmulene.

c) Til remuladen, legg selleri, majones, sennep, rømme og persille i en stor bolle og bland godt. Tilsett litt sitronsaft og smak til. Sette til side.

d) Varm en 1 cm dybde med vegetabilsk olje i en stekepanne. Når de er varme, tilsett schnitzlene forsiktig og stek i 2–3 minutter på hver side. La renne av på kjøkkenpapir.

e) Server schnitzlene med en sjenerøs skje av remuladen, en håndfull brønnkarse og en sitronskive (hvis du bruker) ved siden av.

4. Hvitløksrisotto med vaktel

INGREDIENSER:
- selleri 1/2 liten, kuttet i 1 cm biter
- oliven olje
- hvitløk 1 pære, fedd skrelt
- rosmarin 1 kvist
- sjalottløk 1, finhakket
- purre 1, finhakket
- timianblader 1 ts
- smør 100 g
- risotto ris 400 g
- vegetabilsk olje
- kyllingkraft 1,5 liter
- P ecorino ost 80g, finrevet
- flatbladpersille en liten håndfull, hakket
- vaktel 4, renset og spatchcocked

BRUKSANVISNING:
a) Forvarm ovnen til 180C/vifte 160C/gass 4. Ha selleri i terninger på et stekebrett. Krydre og ringle over litt vegetabilsk olje. Stek i 15 minutter, eller til de er møre og brune.
b) Ha i mellomtiden hvitløk, rosmarin og 100 ml olivenolje i en liten panne (slik at hvitløken er nedsenket, tilsett mer olje hvis du trenger det) og varm forsiktig i 10 minutter, eller til hvitløken er myk og lett gyllen.
c) Fjern og avkjøl oljen. Du kan bruke restene av hvitløksoljen til matlaging, men oppbevar den i kjøleskapet og bruk innen en uke.
d) Stek sjalottløk, purre og timian med 50 g smør og 50 ml olivenolje. Årstid. Når grønnsakene er myke, tilsett risen og rør til alle kornene er dekket.
e) Varm forsiktig i 1 minutt for å knekke risen (dette gjør det lettere å absorbere).
f) Tilsett 500 ml kraft til risottoen og rør til alt er absorbert. Gjenta ytterligere 2 ganger. Dette bør ta rundt 20 minutter. Tilsett mer kraft hvis du trenger det for å få en kremet konsistens.
g) Ta av varmen når risen er mør, tilsett sellerien, resten av smøret, osten og persillen og smak til. Dekk til med lokk og la hvile.

h) Skru ovnen opp til 200C/vifte 180C/gass 6. Varm opp en stekepanne til middels varme. Smør og krydre vaktlene, og legg fuglene med skinnsiden ned på takken i 4 minutter til de er gyldne og forkullet.

i) Snu og stek i ytterligere 2 minutter. Ha over på et stekebrett og stek i 10-15 minutter til det er gjennomstekt og saften blir klar. Hvil i 2 minutter under folie. Fordel risottoen mellom varme tallerkener.

j) Del vaktelen i to langs ryggen og ha på risottoen. Press den konfiterte hvitløken med baksiden av en kniv og strø den over.

5. Krem av blåskjellsuppe med safran

INGREDIENSER:
- 750 g (1 lb 10 oz) små blåskjell, renset
- 4 ss tørr hvitvin
- 50 g (2 oz) smør
- 225 g (8 oz) skrelt selleri, hakket
- 125 g (4½ oz) purre, i skiver
- 1 lite hvitløksfedd, hakket
- ca 750ml fiskekraft
- god klype safran tråder
- 175 g (6 oz) rankemodne tomater
- 4 ss crème fraîche

BRUKSANVISNING:

a) Ha blåskjellene og 2 ss vin i en middels stor panne. Sett på høy varme og stek i 2–3 minutter eller til blåskjellene akkurat har åpnet seg.

b) Smelt smøret i en ren panne, tilsett selleri, purre, hvitløk og resten av vinen. Dekk til og kok forsiktig i 5 minutter.

c) Ha alt unntatt den siste spiseskjeen eller to av blåskjellvæsken i en stor målemugge og fyll opp til 900 ml med fiskekraften. Legg i pannen med grønnsaker sammen med safran og tomater, dekk til og la det småkoke i 30 minutter.

d) La suppen avkjøles litt, og kjør deretter til den er jevn. Før først gjennom en sikt, før deretter en gang til gjennom en chinois til en ren panne, kok opp igjen. Rør inn crème fraîche og litt krydder etter smak.

e) Ta kjelen av varmen og rør inn blåskjellene for å varme dem gjennom kort, men ikke la dem koke mer enn de allerede har.

PASTINAKK

6.Brun ris, mandel og grønnsakkroketter

INGREDIENSER:
- 1½ kopper kortkornet brun ris
- 3½ kopper avfettet kraft
- 1 ts salt
- 1 ss Olje
- ½ kopp finhakket selleri
- ¾ kopp revet pastinakk
- ¾ kopp revet søtpotet eller gulrøtter
- ¾ kopp hakket grønn løk
- ¼ kopp brente og skivede mandler
- ½ kopp ristet brødsmuler
- ⅓ kopp hakket fersk persille
- 1 ss Soyasaus med redusert natrium
- 1 egg, pisket

BRUKSANVISNING:

a) I en middels kjele over middels høy varme, kok opp brun ris, avfettet kraft og salt. Dekk til kjelen og reduser varmen til lav. Kok risen i 40 til 45 minutter eller til alt vannet er absorbert. La det avkjøles.

b) Kombiner oljen, hakket selleri, revet pastinakk og revet søtpotet eller gulrøtter i en 10-tommers nonstick-gryte over middels høy varme. Kok og rør i 3 til 5 minutter eller til grønnsakene er myke, men ikke brune. Tilsett hakket grønn løk og stek i 1 minutt til. Fjern fra varme.

c) I en stor bolle kombinerer du de sauterte grønnsakene, brente og oppskårne mandler, ristede brødsmuler, hakket fersk persille, soyasaus med redusert natrium, sammenpisket egg og kokt brun ris. Bland alt godt for å sikre jevn fordeling.

d) Form blandingen til 3-tommers patties, form dem med hendene.

e) Vask og tørk pannen som brukes til å sautere grønnsakene. Dekk pannen med nonstick grønnsaksspray og sett den over middels høy varme.

f) Når pannen er varm, tilsett krokettene i pannen. Stek i 3 til 5 minutter på hver side eller til de blir gyldenbrune og sprø.

g) Ta krokettene ut av pannen og server dem varme.

7.Kalkunsuppe Med Chard Og Pastinakk

INGREDIENSER :
- 1 ss rapsolje
- 1 pund kalkunlår
- 1 gulrot, trimmet og hakket
- 1 purre, hakket
- 1 pastinakk, hakket
- 2 fedd hvitløk, finhakket
- 1 ½ liter kalkunbuljong
- 2-stjerners anis belg
- Havsalt, etter smak
- ¼ teskje malt svart pepper, eller mer etter smak
- 1 laurbærblad
- 1 haug fersk thai basilikum
- ¼ teskje tørket dill
- ½ ts gurkemeiepulver
- 2 kopper Chard, revet i biter

BRUKSANVISNING :
a) Trykk på "Sauté"-knappen og varm opp rapsoljen. Nå, brun kalkunlår i 2 til 3 minutter på hver side; reservere.
b) Tilsett en skvett kalkunbuljong for å skrape opp eventuelle brunede biter fra bunnen.
c) Tilsett deretter gulrot, purre, pastinakk og hvitløk i Instant Pot. Stek til de er myke.
d) Tilsett gjenværende kalkunbuljong, stjerneanisbelger, salt, sort pepper, laurbærblad, thaibasilikum, dill og gurkemeiepulver.
e) Fest lokket. Velg "Suppe"-innstillingen og stek i 30 minutter. Når tilberedningen er fullført, bruk en naturlig trykkavlaster; fjern lokket forsiktig.
f) Rør inn mangold mens den fortsatt er varm for å visne bladene. Nyt!

8.Fersken Og Pastinakk opp-ned kake

INGREDIENSER:

- 200g (avtappet vekt) hermetiske pærer i juice
- 225g (avtappet vekt) hermetiske ferskenskiver i juice
- 225 g revet pastinakk
- 85 g sultanas
- 225g selvhevende mel
- 2 ts bakepulver
- ¼ teskje bikarbonat brus
- 2 ts blandet krydder
- 100 ml vegetabilsk olje
- 3 store egg, pisket
- 1 ts vaniljeekstrakt

BRUKSANVISNING:

a) Forvarm ovnen til 200°C/180°C varmluft. Smør og kle en 8-tommers (20 cm) rund kakeform med bakepapir. Tøm den hermetiske frukten.

b) Mos pærene i en bolle med en gaffel.

c) Legg ferskenskivene i en vindmølle eller sirkelmønster i bunnen av kakeformen, la det være mellomrom, men fordel dem jevnt.

d) I en separat bolle blander du alle de resterende ingrediensene (revet pastinakk, sultanas, selvhevende mel, bakepulver, bikarbonat, blandet krydder, vegetabilsk olje, sammenpisket egg og vaniljeekstrakt) med den moste pæren med en tresleiv til grundig blandet.

e) Hell blandingen over ferskenene i kakeformen, og pass på at de er jevnt dekket.

f) Stek kaken i 35 minutter til den blir brun.

g) Før du tar kaken ut av ovnen, kle et stekebrett med bakepapir.

h) Ta kaken ut av ovnen og vend den umiddelbart ut på det kledde stekebrettet, så ferskenene nå er på toppen av kaken. Fjern bakepapiret fra kaken og sett den tilbake i ovnen i ytterligere 15 minutter til røren på toppen er gjennomstekt.

i) Ta kaken ut av ovnen og la den avkjøles på rist før servering.

9.Garbanzo Pastinakk Gnocchi Med Granateple

INGREDIENSER:
- 2 kopper kokte garbanzobønner (kikerter), drenert og skylt
- 1 kopp kokt pastinakk, most
- 1 ½ kopper allsidig mel
- ¼ kopp næringsgjær (valgfritt, for ekstra smak)
- 1 ts salt
- ½ ts hvitløkspulver
- ¼ teskje svart pepper
- Olivenolje (til matlaging)
- Ditt valg av saus (f.eks. marinara, pesto) til servering
- Granateplefrø (til servering)

BRUKSANVISNING:
a) Kombiner de kokte garbanzobønnene og most pastinakk i en stor miksebolle. Mos dem sammen med en potetstapper eller gaffel til de er godt blandet.
b) Tilsett mel, næringsgjær (hvis du bruker), salt, hvitløkspulver og sort pepper i bollen. Rør godt for å kombinere og danne en deig.
c) Dryss en ren overflate med mel og overfør gnocchideigen over på den. Elt deigen forsiktig i noen minutter til den blir jevn og smidig. Vær forsiktig så du ikke overelter.
d) Del deigen i mindre porsjoner. Ta en porsjon og rull den til et langt tau som er omtrent ½ tomme tykt. Gjenta med den resterende deigen.
e) Bruk en kniv eller benkskrape til å kutte tauene i små biter, omtrent 1 tomme lange. Du kan la dem være som de er eller bruke baksiden av en gaffel for å lage rygger på hver del.
f) Kok opp en stor kjele med saltet vann. Tilsett gnocchiene i omganger, pass på så du ikke overbefolker gryten. Kok gnocchiene i ca 2-3 minutter eller til de flyter til overflaten. Når de flyter, kok i ytterligere 1 minutt og fjern dem deretter med en hullsleiv eller edderkoppsil. Gjenta til all gnocchien er kokt.
g) Varm litt olivenolje i en panne på middels varme. Tilsett den kokte gnocchien i et enkelt lag og stek i noen minutter til de blir lett brune og sprø. Snu dem og stek i et minutt eller to til. Gjenta med de resterende gnocchiene.

h) Server Garbanzo Pastinakk Gnocchi varm med valgfri saus, for eksempel marinara eller pesto.

i) Du kan også legge til litt revet parmesanost, granateplefrø og friske urter til pynt om ønskelig.

10.Pastinakk og gulrotfritter

INGREDIENSER:
- 225 gram pastinakk; raspet
- 2 medium gulrøtter; raspet
- 1 løk; raspet
- 3 ss Frisk klippet gressløk
- Salt og nykvernet sort pepper
- 2 mellomstore egg
- ½ pakke svinepølser
- 100 gram sterk cheddarost
- 40 gram vanlig mel
- 2 ss fersk hakket persille

BRUKSANVISNING:
a) Bland pastinakk, gulrøtter, løk, gressløk, krydder og ett egg til det er godt blandet. Del i fire, flat ut til grove pannekaker.
b) Varm opp en stor stekepanne og stek pølsene i 10 minutter, vend av og til til de er gylne.
c) Tilsett i mellomtiden pannekakene i pannen og stek i 3 minutter på hver side til de er gylne
d) Bland de resterende ingrediensene til en fast pasta og rull til en stor kubbeform. Del i fire.
e) Hakk pølsene og del dem mellom fritterne. Topp hver med en osteskive.
f) Legg under den forvarmede grillen og stek i 5-8 minutter til den bobler og smelter.
g) Server umiddelbart garnert med gressløk og chutney.

11. Pastinakk vintersuppe

INGREDIENSER:
- 1½ kopper gul løk – skåret i tynne skiver
- 1 kopp selleri - skåret i tynne skiver
- 16 gram grønnsaksbuljong
- 3 kopper babyspinat
- 4 kopper pastinakk i terninger, skrelt og i terninger
- 1 ss kokosolje
- ½ kopp kokosmelk

BRUKSANVISNING:

a) H spis olje i en stor stekepanne over moderat varme og stek løk og selleri.

b) Tilsett pastinakk og buljong og kok opp.

c) Reduser varmen til lav og dekk til i 20 minutter.

d) Tilsett spinaten, rør godt sammen, fjern fra varmen og puré suppen i porsjoner i en blender til den er jevn.

e) Tilsett kokosmelken og server umiddelbart.

RUTABAGA

12. Bbq pasties

INGREDIENSER:
- 4 frosne paiskjell; tint
- 1¼ pund pulled pork
- 4 moderate s Poteter; terninger
- 1 stor løk; terninger
- ¼ kopp Rutabaga; terninger
- 1 gulrot i terninger
- ½ spiseskje salvie
- ½ spiseskje timian
- Salt og pepper

BRUKSANVISNING:
a) Bland alle ingrediensene og legg ¼ i hvert paiskall. overlapp deigen over fyllet for å lage brøkmåneformede paier.
b) Forsegl kantene og skjær et par små slisser på toppen.
c) Grill i 15 minutter.

13. Rutabaga Potetstuing

INGREDIENSER:
- 1 pund magert kjøttdeig
- 1 løk, hakket
- 4 stilker selleri, hakket
- 3/4 kopp ketchup
- 7 kopper vann
- 1/2 kopp babygulrøtter
- 1 liten rutabaga, hakket
- 4 store poteter, hakket
- 1 liten hodekål, finhakket

BRUKSANVISNING:

a) I en gryte, rør og stek selleri, løk og hamburger på middels varme til kjøttet er brunet. Tøm ut ekstra fett.

b) Bland inn poteter, rutabaga, babygulrøtter, vann og ketchup. Kok opp.

c) La småkoke i 20 minutter på svak varme.

d) Rør inn hakket kål. La småkoke til grønnsakene er møre i 30-45 minutter.

14.Biffgryte med rotgrønnsaker

INGREDIENSER:
- 1 pund magert kjøttdeig (90 % magert)
- 1 middels løk, hakket
- 2 bokser (14-1/2 unser hver) biffbuljong med redusert natrium
- 1 middels søtpotet, skrelt og i terninger
- 1 kopp gulrøtter i terninger
- 1 kopp skrelt rutabaga i terninger
- 1 kopp skrelt pastinakk i terninger
- 1 kopp skrellede poteter i terninger
- 2 ss tomatpuré
- 1 ts Worcestershire saus
- 1/2 ts tørket timian
- 1/4 ts salt
- 1/4 ts pepper
- 1 ss maisstivelse
- 2 ss vann

BRUKSANVISNING:

a) I en stor vannkoker eller den nederlandske ovnen, stek løk og biff over middels varme til det ikke er noe rosa igjen; tøm deretter.

b) Tilsett pepper, salt, timian, Worcestershiresaus, tomatpuré, grønnsaker og buljong. La det koke opp. Lavere varme; småkoke under lokk i 30-40 minutter, opp til grønnsakene er myke.

c) I en liten bolle, kombinere vann og maisstivelse til jevn; bland inn i lapskausen. Sett til et oppkok; kok og bland i 2 minutter, til det er tykt.

15. Kalkunpølse med rotgrønnsaker

INGREDIENSER:
- 1 pakke (14 unser) røkt kalkun kielbasa, kuttet i 1/2-tommers biter
- 1 middels løk, hakket
- 1 kopp skrelt rutabaga i terninger
- 1 kopp gulrøtter i skiver
- 1 ts rapsolje
- 4 kopper skrellede poteter i terninger
- 1 boks (14-3/4 unser) kyllingbuljong med redusert natrium
- 1 ts tørket timian
- 1/4 ts gnidd salvie
- 1/4 ts pepper
- 1 laurbærblad
- 1/2 middels hodekål, kuttet i 6 skiver
- 1 ts universalmel
- 1 ss vann
- 1 ss finhakket fersk persille
- 2 ts cider eddik

BRUKSANVISNING:
a) Stek gulrøtter, rutabaga, løk og pølse i en nederlandsk ovn med olje til løken er mør, eller ca. 5 minutter. Ha i laurbærblad, pepper, salvie, timian, buljong og poteter. Kok opp. Topp med kålbåtene. Senk varmen og la det småkoke under lokk til kål og poteter er møre, eller ca. 20 til 25 minutter.
b) Overfør kål forsiktig til en grunn serveringsbolle; så hold deg varm. Fjern laurbærblad. Bland vann og mel til de blir
c) glatt; rør inn i pølseblandingen. Kok og kok under omrøring til den tykner, eller ca. 2 minutter. Rør inn eddik og persille. Legg på toppen av kålen ved hjelp av en skje.

16. Rik ungarsk gulasjsuppe

INGREDIENSER:
- 1-1/4 pounds oksegrytekjøtt, kuttet i 1-tommers terninger
- 2 ss olivenolje, delt
- 4 mellomstore løk, hakket
- 6 fedd hvitløk, finhakket
- 2 ts paprika
- 1/2 ts karvefrø, knust
- 1/2 ts pepper
- 1/4 ts kajennepepper
- 1 ts saltfri krydderblanding
- 2 bokser (14-1/2 unser hver) biffbuljong med redusert natrium
- 2 kopper skrellede poteter i terninger
- 2 kopper gulrøtter i skiver
- 2 kopper skrellede rutabagas i terninger
- 2 bokser (28 unser hver) tomater i terninger, udrenerte
- 1 stor søt rød paprika, hakket
- 1 kopp (8 gram) fettfri rømme

BRUKSANVISNING:

a) I en nederlandsk ovn, brun biff i 1 ss olje over middels varme. Ta biffet ut; la dryppe renne av.

b) Deretter varmes gjenværende olje i samme panne; fres hvitløk og løk på middels varme til de er lett brune, 8-10 minutter. Tilsett krydderblandingen, cayenne, pepper, karve og paprika; kok og rør i et minutt.

c) Legg biffen tilbake i pannen. Tilsett rutabagas, gulrøtter, poteter og buljong; kok opp. Senk deretter varmen; dekk og stuv i 1 1/2

d) timer, eller til kjøttet er nesten mørt og grønnsakene er møre.

e) Ha i rød pepper og tomater; kok opp igjen. Reduser deretter varmen; dekk til og la det småkoke i 30-40 minutter til, eller til kjøtt og grønt er myknet. Nyt med rømme.

17. Bokhvetebake med rotgrønnsaker

INGREDIENSER:
- Olivenolje matlagingsspray
- 2 store poteter i terninger
- 2 gulrøtter, i skiver
- 1 liten rutabaga, i terninger
- 2 stangselleri, hakket
- ½ ts røkt paprika
- ¼ kopp pluss 1 ss olivenolje, delt
- 2 rosmarinkvister
- 1 kopp bokhvete gryn
- 2 kopper grønnsaksbuljong
- 2 fedd hvitløk, finhakket
- ½ gul løk, hakket
- 1 ts salt

BRUKSANVISNING:
a) Forvarm airfryeren til 380 °F. Smør innsiden av en 5-kopps ildfast form lett med olivenoljespray. (Formen på gryteretten vil avhenge av størrelsen på airfryeren, men den må kunne romme minst 5 kopper.)
b) I en stor bolle, sleng poteter, gulrøtter, rutabaga og selleri med paprika og ¼ kopp olivenolje.
c) Hell grønnsaksblandingen i den tilberedte ildfastformen og topp med rosmarinkvistene. Plasser ildfast formen i airfryeren og stek i 15 minutter.
d) Mens grønnsakene koker, skyll og tøm av bokhvetegrynen.
e) I en middels gryte over middels høy varme kombinerer du gryn, grønnsaksbuljong, hvitløk, løk og salt med de resterende 1 ss olivenolje. Gi blandingen et oppkok, reduser deretter varmen til lav, dekk til og kok i 10 til 12 minutter.
f) Fjern ildfast formen fra airfryeren. Fjern rosmarinkvistene og kast. Hell den kokte bokhveten i fatet med grønnsakene og rør sammen. Dekk til med aluminiumsfolie og stek i ytterligere 15 minutter.
g) Rør før servering.

18. Havabbor med stekte rotgrønnsaker

INGREDIENSER:
- 1 gulrot, i små terninger
- 1 pastinakk, i små terninger
- 1 rutabaga, i små terninger
- ¼ kopp olivenolje
- 2 ts salt, delt
- 4 havabborfileter
- ½ ts løkpulver
- 2 fedd hvitløk, finhakket
- 1 sitron i skiver, pluss ekstra kiler til servering

BRUKSANVISNING:
a) Forvarm airfryeren til 380 °F.
b) I en liten bolle, sleng gulrot, pastinakk og rutabaga med olivenolje og 1 ts salt.
c) Krydre havabboren lett med den resterende 1 ts salt og løkpulveret, og legg den deretter i luftfrityrkurven i et enkelt lag.
d) Fordel hvitløken over toppen av hver filet, dekk deretter med sitronskiver.
e) Hell de tilberedte grønnsakene i kurven rundt og oppå fisken. Stek i 15 minutter.
f) Server med ekstra sitronbåter om ønskelig.

19.Carnivore Biff gryterett med rotgrønnsaker

INGREDIENSER:
- 2 lbs kjøttgrytekjøtt
- 1/3 kopp universalmel
- Klyp fint havsalt
- 3 ss animalsk fett
- 3 kopper oksekraft fordelt
- 6 fransk sjalottløk skrelt og halvert
- 2 små løk skrelt, kuttet i 8
- 2 fedd hvitløk finhakket
- 1 lb rutabaga skrelles og kuttes i 1-tommers terninger
- 3 mellomstore gulrøtter skrelles og kuttes i mynter
- 1 ts dijonsennep

BRUKSANVISNING:
a) Forvarm ovnen til 275°F.
b) Rør inn 1 ts fint havsalt til melet. Dryss 4 ss krydret mel over biffen og vend kjøttet grundig i melet.
c) Over middels varme, smelt 1 ss animalsk fett i en stor nederlandsk ovn.
d) Tilsett biff og brun kjøttet over det hele, snu hver del med en tang. Sette til side.
e) Hell omtrent 1/2 kopp biffkraft i pannen for å deglasere; Skrap bunnen for å få opp alle de brunede bitene. Hell denne sausen over det brunede oksekjøttet.
f) Overfør til en bolle.
g) Over middels varme, smelt en spiseskje animalsk fett i kjelen. Ha i sjalottløk og løk.
h) Surr i 2 minutter og tilsett deretter hvitløken; tilsett rutabaga, gulrøtter også. Stek i 3-4 minutter til grønnsakene har myknet rundt kantene.
i) Dryss resterende krydret mel over grønnsakene (ca. 2 ss) og rør godt til belegget.
j) Stek i omtrent et minutt, og hell deretter i resten av kjøttkraften.
k) Ha biff og all juice tilbake i kjelen. Legg til Dijon. Rør godt om. Dekk gryten med et tettsittende lokk og sett inn i ovnen.

l) Stek lapskausen sakte i 3 timer. Ta av lokket og kok i ytterligere en time. La lapskausen avkjøles i ca 15 minutter før servering.
m) Server med potetmos.

20. Tapiokasuppe og høstgrønnsaker

INGREDIENSER:
- 3 kopper grønnsaksbuljong
- 1 kvist rosmarin
- 4 blader salvie
- 1 appelsin, saft og revet skall
- 1 liten rutabaga, kuttet i julienne
- 3 gulrøtter, i skiver
- 1 søtpotet, skrelt, kuttet på langs og skåret i skiver
- 10 reddiker, delt i kvarte
- 2 kopper (500 ml) soyamelk
- 1 teskje (5 ml) karripulver
- 1 ts malt ingefær
- 1/2 ts malt gurkemeie
- 1/4 kopp store tapiokaperler
- 1/2 rødløk, finhakket
- 1 ss hakket flatbladpersille
- 1 ss gresskarkjerner

BRUKSANVISNING:

a) Varm opp grønnsaksbuljongen med rosmarin, salvie og appelsinjuice.

b) Kok opp og tilsett rutabaga, gulrøtter, søtpoteter og reddiker. Kok i ca 15 minutter. Sette til side.

c) Varm opp soyamelken med karri, ingefær og gurkemeie i en annen kjele.

d) La det småkoke, dryss på tapiokaen og kok forsiktig i 20 minutter eller til tapiokaen blir gjennomsiktig.

e) Varm opp buljongen med grønnsakene, fjern rosmarin og salvie, og tilsett i siste liten tapiokablanding, appelsinskall, løk, gresskarkjerner og persille.

21.Fermentert hakket salat med rutabaga

INGREDIENSER:
- 1 reddik, finhakket
- ½ liten løk, finhakket
- 1 kålrot, hakket i ½-tommers biter
- 1 gulrot, hakket i ½-tommers biter
- 3 små epler, hakket i ½-tommers biter
- En håndfull grønne bønner, hakket i 1-tommers lengder
- 1 rutabaga, hakket i ½-tommers biter
- 1 til 2 drueblader, grønnkålblader eller andre store bladgrønnsaker (valgfritt)
- 3 ss uraffinert fint havsalt eller 6 ss uraffinert grovt havsalt
- 1 liter (eller liter) filtrert vann

BRUKSANVISNING:
a)   I en middels bolle, sleng sammen reddik, løk, kålrot, gulrot, epler, grønne bønner og rutabaga; overføre til en liten krukke.
b)   Plasser druebladene eller andre grønne blader over toppen av de hakkede salatingrediensene for å holde dem under saltlaken, og tyng ned med matsikre vekter eller en krukke eller bolle med vann.
c)   I en mugge eller et stort målebeger, løs opp saltet i vannet, rør om nødvendig for å oppmuntre saltet til å løse seg opp. Hell saltlaken over salaten, dekk til med lokk eller klede og la den gjære i en uke.
d)   Fjern vektene, og fjern og kast druebladene eller andre grønne blader. Del opp i glass eller en bolle, dekk til og avkjøl, hvor salaten skal vare seks måneder til ett år.

22. Høst kylling og rotgrønnsaksuppe

INGREDIENSER:
- 1 pakke fløtesuppebunn, tilberedt
- 1 lb. Kyllingbryst, uten bein, uten skinn
- ¼ kopp sitronsaft
- 4 ea. Hvitløksfedd, knust
- ¼ kopp olivenolje
- 8 oz. Løk, i terninger
- 8 oz. Søtpotet, skrelt og i terninger
- 4 oz. Pastinakk, skrelt og kuttet
- 4 oz. Gulrøtter, skrelt og i terninger
- 4 oz. Rutabaga, skrelt og i terninger
- 4 oz. Kålrot, skrelt og kuttet
- 2 ea. Hvitløksfedd, finhakket
- 3 kopper kyllingbunn, tilberedt
- ¼ kopp salvie, fersk, hakket
- Etter behov Kosher salt og sprukket pepper
- Etter behov Baby Ruccola, flash-stekt (valgfritt)

BRUKSANVISNING:

a) Tilbered kremsuppebunnen i henhold til pakkens anvisninger.

b) Kombiner kyllingbryst, sitronsaft, hvitløk og olivenolje i en pose med glidelås og mariner under avkjøling i 1 time.

c) Forvarm varmluftsovnen til 375 °F. Legg avrent kylling på bakepapirkledd form, smak til med salt og pepper. Stek i 12 minutter per side eller til innvendig temperatur når 165 °F. Avkjøl og trekk kyllingen.

d) Smelt smør i en egen kjele. Tilsett løk, søtpoteter, pastinakk, gulrøtter, rutabaga og kålrot. Stek til løken er gjennomsiktig.

e) Tilsett tilberedt kyllingbunn i grønnsaksblandingen, kok opp og reduser varmen og la det småkoke til grønnsakene er møre.

f) Tilsett tilberedt kremsuppebase, pulled chicken og hakket salvie. Sett på middels varme og kok til Chowder når 165 °F. Hold for service.

g) Smak til og pynt med lynstekt ruccola etter ønske.

23. Høstfestival kalkunsuppe

INGREDIENSER:
- 2,5 oz. Smør
- 12,5 oz. Løk, hvit, i terninger
- 12,5 oz. Pastinakk, skrelt, i terninger
- 12,5 oz. Kålrot, skrelt, i terninger
- 12,5 oz. Rutabagas, skrelt, i terninger
- 12,5 oz. Gulrøtter, skrelt, i terninger
- 12,5 oz. Søtpoteter, skrelt, i terninger
- 2,5 qts. Tyrkia base
- 1 ea. Creme Suppe Base, 25,22 oz. pose, forberedt
- 40 oz. Kalkunbryst, stekt, i terninger
- ½ kopp salvie, fersk, hakket
- Etter behov Kosher salt
- Etter behov Sprukket pepper
- Etter behov Cheddarost, strimlet

BRUKSANVISNING:

a) Smelt smør i en stor kjele over middels varme. Fres løk, pastinakk, neper, rutabagas, gulrøtter og søtpoteter i 10 minutter.

b) Tilsett kalkunbunnen i grønnsaksblandingen, kok opp, reduser varmen og la det småkoke til grønnsakene er møre, ca. 20 minutter.

c) Tilsett Cream Suppe Base, kalkun og salvie. Bland for å kombinere, la det småkoke i 30 minutter eller til det er gjennomvarmet. Smak og juster krydder.

d) Pynt med cheddarost.

24. Lam og rotgrønnsaksuppe

INGREDIENSER:
- 1 lb. lammegrytekjøtt i terninger
- 1 løk, i terninger
- 2 fedd hvitløk, finhakket
- 2 kopper kyllingbuljong
- 1 kopp pastinakk i terninger
- 1 kopp rutabaga i terninger
- 1 kopp gulrøtter i terninger
- 1 kopp poteter i terninger
- 1 ts. timian
- Salt og pepper
- Oliven olje

BRUKSANVISNING:
a) I en stor gryte eller nederlandsk ovn, varm litt olivenolje over middels høy varme.
b) Tilsett lammet og stek til det er brunet på alle sider.
c) Fjern lammet med en hullsleiv og sett til side.
d) Tilsett løk og hvitløk i kjelen og stek til den er myk, ca 5 minutter.
e) Tilsett kyllingbuljongen, pastinakk, rutabaga, gulrøtter, poteter og timian og kok opp.
f) Reduser varmen og la det småkoke i 45-50 minutter, eller til grønnsakene er møre.
g) Legg lammet tilbake i kjelen og stek i 5-10 minutter til, eller til det er gjennomvarmet.
h) Smak til med salt og pepper og server varm.

25.Oksehalesuppe Med Rutabaga

INGREDIENSER:
- 3 ½ pund oksehaler
- 3 laurbærblader
- 1 Selleristilker, hakket
- 2 kopper grønne bønner
- 1 Rutabaga, i terninger
- 14 gram hermetiske terninger tomater
- ¼ kopp Ghee
- 1 timiankvist
- 1 rosmarinkvist
- 2 purre, i skiver
- 2 ½ liter vann
- 2 ss. Sitronsaft
- ¼ ts malt nellik
- Salt og pepper, etter smak

BRUKSANVISNING:
a) Smelt ghee i IP-en din på SAUTE.
b) Tilsett oksehalene og kok til de er brune. Du må kanskje jobbe i grupper her.
c) Hell vannet over og tilsett timian, rosmarin, laurbærblader og nellik.
d) Kok på HIGH i 1 time.
e) Gjør en naturlig trykkavlastning.
f) Fjern kjøttet fra IP-en og riv det på et skjærebrett.
g) Tilsett rutabaga og purre i kjelen og lukk lokket.
h) Kok på HIGH i 5 minutter.
i) Tilsett de resterende grønnsakene og kok i 7 minutter til.
j) Tilsett kjøttet og lukk igjen.
k) Kok på HIGH i 2 minutter.
l) Rør inn sitronsaften og smak til med salt og pepper.
m) Server og nyt!

26. Begedil potetkaker

INGREDIENSER:
- Rutabaga
- Blomkål
- 2 små sjalottløk
- ss. Kjøttdeig
- 1 ss. hakkede bladselleri
- 1 ss. hakket grønn løk
- 1/2 ts. Hvit pepper (eller svart pepper)
- 1/4 ts. Salt
- 1 stort egg (kun lite brukes)
- 4 ss. Kokosolje

BRUKSANVISNING:
a) Skjær 5 oz. Rutabaga i små biter og stek til brun med 1 ss. Kokosolje.
b) Med en morter, bank den stekte Rutabagaen til den er myk. Alternativt kan du bruke en foodprosessor. Når du er ferdig, sett til side.
c) Mikrobølgeovn 5 oz. Blomkål til den er myk og bank med en morter (eller bruk en foodprosessor).
d) Skjær 2 sjalottløk i tynne skiver. Med en liten og grunn wok (for å lage en dypere olje, men det brukes bare lite) og 1 ss. Kokosolje, stek til brun og sprø, men ikke brent. Sette til side.
e) Med samme olje, sauter 4 ss. Kvernet biff til det er brunt. Smak til med salt og pepper etter smak.
f) I en bolle, tilsett banket Rutabaga og blomkål, stekt sjalottløk, kokt kjøttdeig, 1 ss. hver av bladselleri og grønn løk, 1/2 ts. Hvit pepper (eller svart pepper) og 1/4 salt. Bland godt.
g) Øs ca 1 ss. av blandingen og form til en liten patty. Jeg lagde 10 patties totalt.
h) Visp 1 egg i en annen bolle og trekk hver patty, men ikke helt (gjør hvert før steking).
i) Stek karbonadene i omganger med kokosolje til de er brune. Jeg brukte 2 ss. Kokosolje totalt til dette (to partier, 1 ss. hver).
j) Server med lapskaus eller for seg selv

27. Høst grønnsaker og quinoa

INGREDIENSER:
- 1½ kopp Quinoa
- 4 kopper vann
- ½ ts salt
- 1 middels kålrot; skrelles og kuttes
- 4 medium gulrøtter
- 1 liten Rutabaga; skrelles og kuttes
- 1 kopp butternut squash i terninger
- 1 ts olivenolje
- 1 liten gul løk; terninger
- 1 stor hvitløksfedd; hakket
- ¼ kopp hakkede friske salvieblader
- Salt og hvit pepper

BRUKSANVISNING:

a) Kombiner skyllet quinoa med vann og salt i en middels kjele. Kok opp, og la det deretter småkoke under lokk til akkurat kokt (ca. 10 minutter). Tøm, skyll med kaldt vann og sett til side.

b) Kombiner neper, gulrøtter, rutabaga og squash i en stor kjele med en grønnsaksdamper. Damp grønnsakene i 7 til 10 minutter, eller til de er møre

c) I en stor stekepanne, fres løk og hvitløk i olje til løken er myk, ca. 4 minutter. Rør inn salvieblader og kok bare til salvie er lett brunet og velduftende, 1 til 2 minutter.

d) Tilsett quinoa og grønnsaker i pannen og bland godt sammen. Tilsett salt og pepper etter smak, varm gjennom om nødvendig og server varm.

28.Klassisk Pot-Au-Feu

INGREDIENSER:

- 2 ss olivenolje
- ½ ts sort pepper
- 4 selleristilker, i terninger
- 4 gulrøtter, skrelt og i terninger
- 4 Yukon Gold-poteter i terninger
- 4½ kopper vann
- 1 hvitløkshode, delt i to på tvers
- 1¾ ts kosher salt
- 5 friske timiankvister
- 2 pund chuckstek, utbenet og trimmet
- 3 laurbærblad
- 2 purre, halvert på langs
- 1 rutabaga, i terninger
- ¼ kopp crème Fraiche
- 1½ pounds bein-i biff korte ribber, trimmet
- 2 ss fersk gressløk i tynne skiver
- Cornichons
- Dijon sennep
- Tilberedt pepperrot

BRUKSANVISNING:

a) Varm en nonstick-gryte over moderat varme. Stek steken i olje i den varme pannen, som blir brun på alle sider, i 5 minutter.
b) Krydre godt med salt og pepper.
c) Flytt steken til en 6-liters Slow Cooker.
d) Legg ribba til de reserverte dryppene i den varme pannen, og stek i 6 minutter, slik at de blir brune på alle sider.
e) Overfør ribba til Slow Cooker, behold dryppene i gryten. Tilsett timian, laurbærblader, hvitløk og vann til de reserverte dryppene i den varme pannen, rør for å løsne de brunede bitene fra bunnen av pannen; hell i Slow Cooker.
f) Kok sakte i 5 timer.
g) Bland inn rutabaga, purre, selleri, poteter, gulrøtter og rutabaga. Kok sakte, ca 3 timer.
h) kast hvitløk, timiankvistene og laurbærbladene.

i) Skjær steken i skiver, og server med ribbekjøtt, purrehalvdeler, selleri, poteter, gulrøtter og rutabaga på et serveringsfat.

j) Ringle over ønsket mengde kokevæske, og server med crème fraîche, gressløk, cornichons, dijonsennep, pepperrot og resten av kokevæsken.

29. Osteaktige baconbiter

INGREDIENSER:
- 1/2 pund rutabaga, revet
- 4 skiver kjøttfull bacon, hakket
- 7 gram Gruyère ost, strimlet
- 3 egg, pisket
- 3 ss mandelmel
- 1 ts granulert hvitløk
- 1 ts sjalottløkpulver
- Havsalt og malt svart pepper, etter smak

BRUKSANVISNING:
a) Tilsett 1 kopp vann og et metallunderstell i Instant Pot.
b) Bland alle de ovennevnte ingrediensene til alt er godt innlemmet.
c) Legg blandingen i et silikonbrett som tidligere er smurt med en nonstick-spray. Dekk brettet med et ark aluminiumsfolie og senk det ned på understellet.
d) Fest lokket. Velg "Manuell" modus og lavt trykk; kok i 5 minutter. Når tilberedningen er fullført, bruk en hurtig trykkutløser; fjern lokket forsiktig. God appétit!

NEPER

30.Kålrot og løkgryte

INGREDIENSER:
- 2½ lbs. gule neper eller rutabagas (ca. 8 kopper i terninger)
- ⅔ kopp finhakket fett-og-mager fersk svinekjøtt rumpe eller side svinekjøtt; eller 3 ss smør eller matolje
- ⅔ kopp finhakket løk
- 1 ss mel
- ¾ kopp biffbuljong
- ¼ ts salvie
- Salt og pepper
- 2 til 3 ss frisk hakket persille

BRUKSANVISNING:
a) Skrell kålroten, kutt i fire og deretter i ½-tommers skiver; skjær skiver i ½-tommers strimler, og strimlene i ½-tommers terninger. Ha i kokende saltet vann og kok uten lokk i 3 til 5 minutter, eller til det er litt mørt. Avløp.
b) Hvis du bruker svinekjøttet, sautér sakte i en 3-liters kjele til det er veldig lett brunet; ellers, tilsett smøret eller oljen i pannen. Rør inn løkene, dekk til og stek sakte i 5 minutter uten å brune. Bland inn melet og kok sakte i 2 minutter.
c) Fjern fra varmen, slå inn buljongen, sett tilbake til varmen og la det småkoke. Tilsett salvie, og vend deretter inn kålrot. Smak til med salt og pepper.
d) Dekk til kjelen og la det småkoke i 20 til 30 minutter, eller til kålrotene er møre.
e) Hvis sausen er for flytende, avdekke og kok sakte i flere minutter til væsken har redusert og tyknet. Riktig krydder. (Kan tilberedes på forhånd. Avkjøl uten lokk; dekk til og la det småkoke noen minutter før servering.)
f) For å servere, brett inn persillen og vend inn i en varm serveringsform.

31.Trylleripevin

INGREDIENSER:
- 6 lbs. neper eller rutabagas
- 1 liter vann
- 2½ lbs. sukker eller 3 lbs. honning
- skall og saft av 3 appelsiner
- saft og skall av 2 store sitroner eller 3 ts. syreblanding
- 1 ts. gjær næringsstoff
- ¼ ts. tannin
- 1 Campden-tablett, knust (valgfritt)
- ½ ts. pektisk enzym
- 1 pakke champagne eller sherry gjær

BRUKSANVISNING:
a) Skrubb nepene godt, skjær av toppene og rotendene. Hakk eller skjær dem i det kalde vannet, og varm opp. SIMMER, ikke kok, i 45 minutter.
b) Fjern skallet fra sitrusfrukten (ingen hvit merg), og press saften. Legg skallet i en liten silepose av nylon i bunnen av den primære gjæringen.
c) Sil kålroten (og pepperkornene, hvis du brukte dem) fra vannet. Du kan bruke pastinakkene til mat hvis du velger det.
d) Fjern omtrent en liter av vannet for å legge til igjen senere hvis du ikke har nok. Det er vanskelig å si hvor mye du vil ha tapt i damp mens du lager mat. Tilsett sukkeret eller honningen, og la det småkoke til sukkeret er oppløst. Hvis du bruker honning, la det småkoke i 10-15 minutter under omrøring og skum av avskum.
e) Hell det varme vannet i en desinfisert primærgjæringskar over skallet. Tilsett fruktjuicene. (Du kan reservere litt appelsinjuice og ekstra grønnsaksvann for å starte gjæren senere, hvis du vil.) Sjekk om du har en liter most. Hvis ikke, fyll opp med det reserverte vannet.
f) Tilsett gjærnæringsstoff, tannin og syreblanding hvis du ikke brukte sitroner. Dekk til og fest en luftlås. La mosten avkjøles, og legg til Campden-nettbrettet hvis du velger å bruke en. 12 timer etter Campden-tabletten, tilsett pektisk enzym. Hvis du ikke bruker

tabletten, er det bare å vente til mosten er avkjølt for å tilsette pektisk enzym. Tjuefire timer senere, sjekk PA og tilsett gjæren.

g) Rør daglig. Om to uker eller så, sjekk PA. Løft ut posen med skall og la den renne tilbake i beholderen. Ikke klem. Kast skallet. La vinen sette seg, og legg den i en sekundærgjæring.

h) Spross og passform med luftlås. Stativ etter behov i løpet av de neste seks månedene eller så. Sjekk PA. Når den gjærer ut, tappe den på flaske. Jeg foretrekker denne vinen tørr. Du kan søte vinen hvis du vil før tapping ved å tilsette stabilisator og 2 til 4 unser sukkersirup per gallon.

32.Thanksgiving braiserte neper

INGREDIENSER:
- ½ pund neper , skrelles og kuttes i terninger
- 2 ss tomatpuré
- 2 ss vegansk smør
- 1 løk, skrelt og i terninger
- 1 ts tørket timian
- 1 gulrot, skrelt og i terninger
- 1 laurbærblad
- 2 stilker selleri, i terninger
- Salt og pepper
- 1½ kopper kraft eller vann
- 2 ss vegansk smør, myknet
- 1 T skeer mel

BRUKSANVISNING:

a) I en panne smelter du vegansk smør. Tilsett løk, selleri og gulrot.

b) Kok i ca 5 minutter. Tilsett kraft, tomatpuré, timian og laurbærblad til kålrot og løk, gulrot og selleriblanding.

c) Stek i 30 til 40 minutter, dekket, i en 350 ° F ovn.

d) Mens nepene stekes lager du en pasta med vegansk smør og mel.

e) Ha kålrotene over i et serveringsfat og hold dem varme i stekepannen.

f) Sil av stekevæsken over i en kjele. Tilsett biter av den veganske smør-melblandingen i sausen og visp til den tykner.

g) Smak til med salt og pepper og hell så sausen over kålrotene.

33.Taiwanesisk kålrotkakesuppe

INGREDIENSER:
FOR NEPEKAKEN:
- 2 kopper rismel
- 2 kopper vann
- 2 kopper strimlet kålrot (daikon reddik)
- ¼ kopp tørkede reker, bløtlagt og hakket
- ¼ kopp tørket sopp, bløtlagt og i terninger
- 2 ss sjalottløk, finhakket
- 2 ss vegetabilsk olje
- 2 ss soyasaus
- 1 ts salt
- ½ ts hvit pepper

TIL SUPPA:
- 4 kopper kyllingbuljong
- 2 kopper vann
- 2 grønne løk, hakket
- Salt og pepper etter smak

BRUKSANVISNING:
FOR NEPEKAKEN:
a) Kombiner rismel og vann i en miksebolle. Rør godt til blandingen er jevn og fri for klumper.
b) Varm vegetabilsk olje i en stor panne eller wok over middels varme.
c) Tilsett hakket sjalottløk, tørkede reker og tørket sopp i pannen. Stek i ca 2 minutter til dufter.
d) Tilsett den strimlede kålroten i pannen og stek i ytterligere 2-3 minutter til kålroten mykner litt.
e) Hell rismelblandingen i pannen og rør hele tiden for å unngå at det dannes klumper.
f) Tilsett soyasaus, salt og hvit pepper i pannen. Rør godt for å kombinere alle ingrediensene.
g) Kok blandingen på middels varme under konstant omrøring til den tykner og får en klissete konsistens.
h) Smør en firkantet eller rund kakeform og hell kålrotkakeblandingen i den. Glatt overflaten.

i) Damp kålrotkaken over høy varme i ca 45-50 minutter til den er fast og gjennomstekt.
j) Ta kålrotkaken ut av dampkokeren og la den avkjøles helt.
k) Når den er avkjølt, fjern kålrotkaken fra pannen og skjær den i ønskede biter.

TIL SUPPA:
l) Kombiner kyllingbuljongen, vannet og hakket grønn løk i en stor gryte. Gi blandingen et oppkok.
m) Legg kålrotkaken i skiver i kjelen og la den småkoke i ca 5 minutter for å bli gjennomvarm.
n) Smak til suppen med salt og pepper etter smak.
o) Server den taiwanske kålrotkakesuppen varm som en trøstende og smakfull rett.

34. Blandet grønt med kålrot

INGREDIENSER:
- ¼ kopp smør
- 1 kopp hakket løk
- 1 kopp hakket grønn løk
- 2 stilker selleri, hakket
- 2 ss Finhakket ingefærrot
- 2 fedd hvitløk, finhakket
- 1-kilos babyneper med grønne topper
- 10 kopper vann
- 2 ekstra store kyllingbuljongterninger
- ½ kopp tørr hvitvin eller vann
- ¼ kopp maisstivelse
- 6 kopper pakket hele ferske spinatblader
- 1¼ ts malt svart pepper
- ½ ts salt
- ¼ kopp usiktet universalmel
- 1 stort egg, lett pisket
- Vegetabilsk olje til steking

BRUKSANVISNING:
a) Forbered greenene.
b) Riv de avkjølte kålrotene grovt.
c) Kombiner revet kålrot, mel, egg og de resterende ¼ t pepper og salt.
d) Tilsett haugevis av teskjeer fritteblanding i pannen og stek, snu, til de er brune på begge sider

35. Persimmons og Daikon Temaki

INGREDIENSER :
- 1 kopp ukokt sushi ris
- 3 ss sushikrydder
- 10 ark ristet sushi nori, halvert
- 1 engelsk agurk
- 1 rød paprika
- 6 gram konservert daikon, kuttet i fyrstikker
- 2 Fuyu persimmons, skrelles og kuttes i fyrstikker
- 2 avokadoer, pitlet og skåret i skiver
- furikake til topping

BRUKSANVISNING
a) Kok sushirisen etter anvisningen på pakken.
b) Når den er ferdig kokt, avkjøl den i ca 15 minutter.
c) Bland inn sushikrydderet.
d) Legg den ene halvdelen av nori-arket på et brett med den blanke siden ned.
e) Hell litt ris på norien.
f) Fordel risen slik at du fyller halvparten av norien.
g) Topp norien med noen skiver agurk, rød pepper, daikon og persimmon.
h) Topp med en skive avokado, og rist litt furikake på toppen.
i) Start med nede til høyre, rull norien mot venstre til du kommer til slutten.
j) Forsegl håndrullen med noen riskorn. Gjenta med alle de andre nori-arkene.

36. Snow Pea Shoot Daikon Rolls

INGREDIENSER:
- 1 agurk, finhakket
- Saft av 1 sitron
- 1 ss hakkede mynteblader
- 1 ss tamari
- 1 ss reddikspirer
- 12 shiso-blader
- 2 ss yuzu juice
- 1 ss riseddik
- 1 ss revet galangal
- 1 daikon reddik, finskåret i 12 lange strimler
- 1 ss snøerteskudd, hakket
- 1 moden avokado, finhakket
- Svarte sesamfrø, til pynt

BRUKSANVISNING:
a) Ordne arkene med daikon på en arbeidsflate.
b) Hvert daikon-ark skal ha 1 shiso-blad på.
c) Kombiner tamari, riseddik, galangal og sitronsaft i en bolle; sett den til side.
d) Kombiner snøerteskuddene, avokado, agurk og mynte i en bolle.
e) Tilsett sitrondressingen og rør.
f) Fordel blandingen likt mellom daikon-platene, legg en del i hver ende.
g) Rull den godt sammen, med rullen vendt bort fra deg.
h) Ha rullene over på et serveringsfat, topp med spirer og en klatt yuzujuice.

REDDIK

37.Stekt Yuzu-kylling med japansk slaw

INGREDIENSER:
- 2 fedd hvitløk, knust
- 2 ts ingefær, revet
- 25 g usaltet smør, smeltet
- ¼ kopp yuzujuice eller limejuice
- 2 ss lett soyasaus
- 4 kylling Maryland's
- ½ ts sesamolje
- 1 ss peanøttolje
- ½ ts melis
- Svarte sesamfrø, til servering
- Sitronskiver, til servering

JAPANSK SLAW
- 1 avokado, i tynne skiver
- 100 g sukkererter, skåret i skiver på langs
- 3 reddiker, trimmet, i tynne skiver
- 1 stor gulrot, kuttet i tynne fyrstikker
- ½ haug med gressløk, kuttet i 4 cm lengder
- 150g ville rakettblader

BRUKSANVISNING:
a) Kombiner hvitløk, ingefær, smør, 2 ss yuzu og 1 ss soyasaus i en bolle.
b) Tilsett kylling og vend til pels. Dekk til og avkjøl i 20 minutter for å marinere.
c) Forvarm ovnen til 180°C. Tøm kyllingen, ta vare på marinaden og tørk.
d) Legg på et bakepapirkledd stekebrett og stek, dryss med reservert marinade hvert 15. minutt, i 1 time eller til den er gylden og gjennomstekt.
e) I mellomtiden blander du ingrediensene til salaten i en bolle. I en separat bolle, visp sesamolje, peanøttolje, sukker og de resterende 2 ss yuzu og 1 ss soya. Bland med slaw for å kombinere.
f) Server kylling og slaw drysset med sesamfrø, med sitron til å presse over.

38.Dampet fisk

INGREDIENSER:
- 3½ kopper dashi eller vann
- 2 kopper svart ris, kokt
- 1 kopp tørr hvitvin
- 1 stk kombu, 3 x 3 tommer
- 1 teskje gurkemeiepulver
- 2 laurbærblader
- 2 ss tørket tang
- kosher salt
- 2 svart havabbor eller rød snapper fileter, dampet
- 5 gram shiitake-sopp, kuttet i to
- 2 kopper erteskudd
- 2 røde reddiker, strimlet
- 2 ss mynteblader hakket

BRUKSANVISNING:
a) Kombiner buljong, ris, vin, kombu, salt, gurkemeiepulver, laurbærblader og tang i en Crockpot.
b) Kok på lavt i 1 time.
c) Legg fisken over risen, topp med soppen.
d) Tilsett mynte, reddiker og erteskudd som garnityr.

39. Japansk risotto med sopp

INGREDIENSER:
- 4½ kopper Grønnsakskraft; eller miso-infundert buljong, velsmakende
- 1 spiseskje Ekstra virgin olivenolje
- ½ kopp rose-sushi ris
- ½ kopp Sake
- Kosher salt
- Nykvernet sort pepper
- ½ kopp Enoki sopp
- ½ kopp Finhakket løkløk
- ¼ kopp Reddik spirer

BRUKSANVISNING:
a) Hvis du bruker den miso-infunderte buljongen, kombiner 1 ss miso med 4½ kopper vann og kok opp. Reduser varmen og la det småkoke.
b) I en kjele, varm olivenolje over middels høy varme. Tilsett risen, rør hele tiden i én retning, til den er godt belagt. Ta kjelen av varmen og tilsett sake.
c) Sett tilbake til varmen og rør hele tiden i én retning til all væsken er absorbert. Tilsett kraften eller buljongen i trinn på ½ kopp, rør hele tiden til all væsken er absorbert ved hver tilsetning.
d) Smak til med salt og pepper. Hell i serveringsboller, pynt med sopp, løk og spirer, og server.
e) Pynt med delikat enokisopp, hakket løk og krydret reddikspirer.

40.Stekt kylling med pistasjpesto

INGREDIENSER:
- 25 g pistasjnøtter med skall
- 1 stor haug med fersk basilikum, blader og stilker grovhakket
- 4 friske myntekvister, blader grovhakket
- Revet skall og saft ½ sitron, pluss ½ sitron
- 125 ml ekstra virgin olivenolje
- 2 kg hel frittgående kylling
- 125 ml tørr hvitvin
- 200 g surdeigsbrød, revet i biter
- 200g blandede reddiker, halvert eller delt i kvarte hvis de er store
- 250 g asparges
- Stor håndfull erteskudd

BRUKSANVISNING:

a) Forvarm ovnen til 200°C/180°C vifte/gass 6. Visp pistasjnøtter, basilikum, mynte, sitronskall og -saft i en minihakker eller en liten kjøkkenmaskin til en grov pasta. Drypp i 100 ml olje, krydre og bland. Ha halvparten av pestoen i et lite serveringsfat og sett til side.

b) Legg kyllingen i en stor grunne stekeform. Arbeid fra nakkehulen, bruk fingrene til å lage en lomme mellom huden og kjøttet

c) av brystene. Skyv pestoen under skinnet på kyllingen og gni eventuelt overskudd over skinnet. Press den resterende ½ sitronen over kyllingen, og legg den deretter i hulrommet. Stek i 20 minutter, skru deretter ned ovnen til 190°C/170°C vifte/gass 5.

d) Tilsett vin og 125 ml vann i formen og stek i 40-50 minutter til kyllingen er gjennomstekt.

e) Legg kyllingen på et brett, dekk løst med folie og sett til side til hvile. Hell stekesaften fra formen i en kanne. Tilsett brødet, reddikene og aspargesen i stekeformen, øs av litt av fettet fra toppen av saften og bland det sammen med brødet og grønnsakene.

f) Krydre og stek deretter i 12-15 minutter til grønnsakene er møre og brødet sprøtt. Kast eventuelt fett fra de resterende juicene og varm opp i en panne for saus.

g) Bland resten av pestoen og 25 ml olivenolje og ringle over kyllingen og grønnsakene. Server med erteskudd og saus ved siden av.

41. Hage fersk pizza

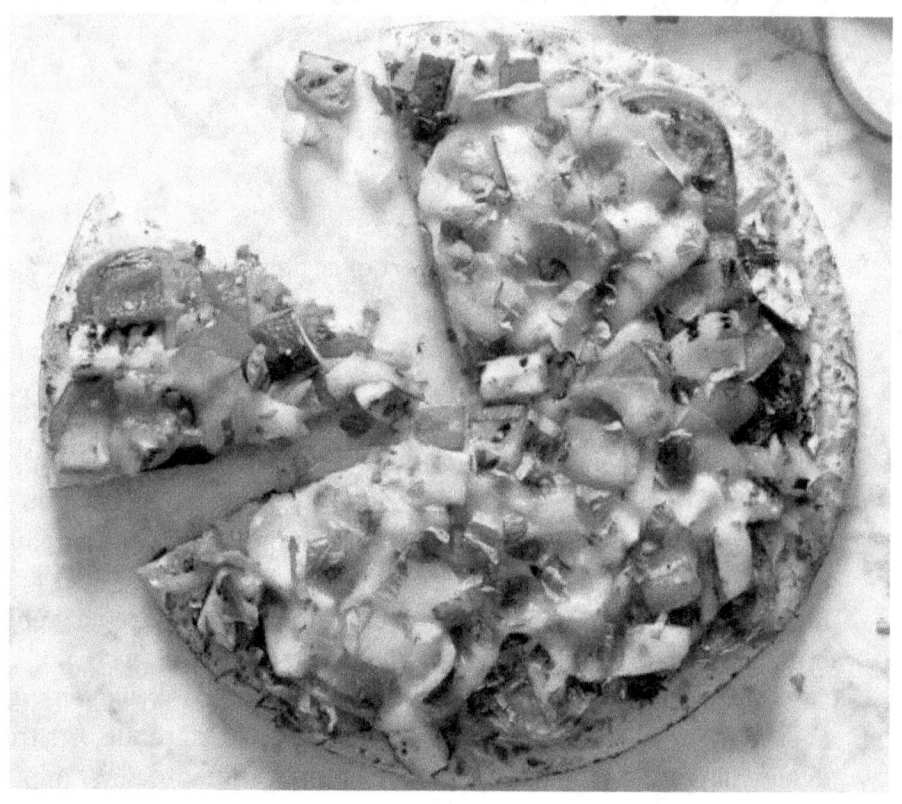

INGREDIENSER:
- To nedkjølte halvmåneruller
- To pakker cashewkremost, myknet
- ⅓ kopp majones
- 1,4-unse pakke med tørr grønnsakssuppeblanding
- 1 kopp reddiker, i skiver
- ⅓ kopp hakket grønn paprika
- ⅓ kopp hakket rød paprika
- ⅓ kopp hakket gul paprika
- 1 kopp brokkolibuketter
- 1 kopp blomkålbuketter
- ½ kopp hakket gulrot
- ½ kopp hakket selleri

BRUKSANVISNING:
a) Sett ovnen til 400 grader F før du gjør noe annet.
b) I bunnen av en 11x14-tommers jellyroll-panne sprer du halvmånerulldeigen.
c) Klem eventuelle sømmer sammen med fingrene for å lage en skorpe.
d) Stek alt i ovnen i ca 10 minutter.
e) Ta alt ut av ovnen og la det avkjøles helt.
f) Bland majones, cashewkremost og grønnsakssuppe i en bolle.
g) Legg majonesblandingen jevnt over skorpen,
h) Topp alt med grønnsakene jevnt og trykk dem forsiktig inn i majonesblandingen.
i) Dekk pizzaen med plastfolie og sett den i kjøleskap over natten.

42.Kremet reddiksuppe

INGREDIENSER:
- 1 haug reddiker, trimmet og skjært i skiver
- 1 løk, hakket
- 2 fedd hvitløk, finhakket
- 4 kopper grønnsaksbuljong
- 1 kopp tung krem
- Salt og pepper etter smak
- Fersk gressløk til pynt

BRUKSANVISNING:

a) I en stor gryte, fres reddiker, løk og hvitløk til de er myke.

b) Tilsett grønnsaksbuljong og kok opp. La småkoke i 10 minutter.

c) Bruk en stavmikser eller vanlig blender, puré suppen til den er jevn.

d) Rør inn den tunge fløten og smak til med salt og pepper.

e) Serveres varm, pyntet med fersk gressløk.

43. Krydret reddik og gulrotsuppe

INGREDIENSER:
- 1 haug reddiker, trimmet og skjært i skiver
- 2 gulrøtter, skrellet og skåret i skiver
- 1 løk, hakket
- 2 fedd hvitløk, finhakket
- 4 kopper grønnsaksbuljong
- 1 ts spisskummen
- ½ ts paprika
- ¼ ts kajennepepper
- Salt og pepper etter smak
- Frisk koriander til pynt

BRUKSANVISNING:

a) I en stor gryte, sauter reddiker, gulrøtter, løk og hvitløk til de er myke.

b) Tilsett grønnsaksbuljong, spisskummen, paprika og kajennepepper. Kok opp og la det småkoke i 15 minutter.

c) Bruk en stavmikser eller vanlig blender, puré suppen til den er jevn.

d) Smak til med salt og pepper.

e) Server varm, pyntet med fersk koriander.

44. Reddik Og Potetsuppe

INGREDIENSER:
- 1 haug reddiker, trimmet og skjært i skiver
- 2 poteter, skrelt og i terninger
- 1 løk, hakket
- 2 fedd hvitløk, finhakket
- 4 kopper grønnsaksbuljong
- ½ kopp melk eller fløte
- Salt og pepper etter smak
- Frisk persille til pynt

BRUKSANVISNING:

a) I en stor gryte, sauter reddiker, poteter, løk og hvitløk til de er myke.

b) Tilsett grønnsaksbuljong og kok opp. La småkoke i 20 minutter til grønnsakene er møre.

c) Bruk en stavmikser eller vanlig blender, puré suppen til den er jevn.

d) Rør inn melken eller fløten og smak til med salt og pepper.

e) Serveres varm, pyntet med fersk persille.

45. Reddikgrønn suppe

INGREDIENSER:
- Grønt fra 1 haug med reddiker, vasket og hakket
- 1 løk, hakket
- 2 fedd hvitløk, finhakket
- 4 kopper grønnsaksbuljong
- 1 ss olivenolje
- Saft av 1 sitron
- Salt og pepper etter smak
- Gresk yoghurt til pynt

BRUKSANVISNING:
a) I en stor gryte, fres løk og hvitløk i olivenolje til de er myke.
b) Tilsett reddikgrønnsakene og fres i noen minutter til de er visne.
c) Tilsett grønnsaksbuljong og kok opp. La småkoke i 10 minutter.
d) Bruk en stavmikser eller vanlig blender, puré suppen til den er jevn.
e) Rør inn sitronsaft og smak til med salt og pepper.
f) Server varm, pyntet med en klatt gresk yoghurt.

46. Avkjølt reddiksuppe

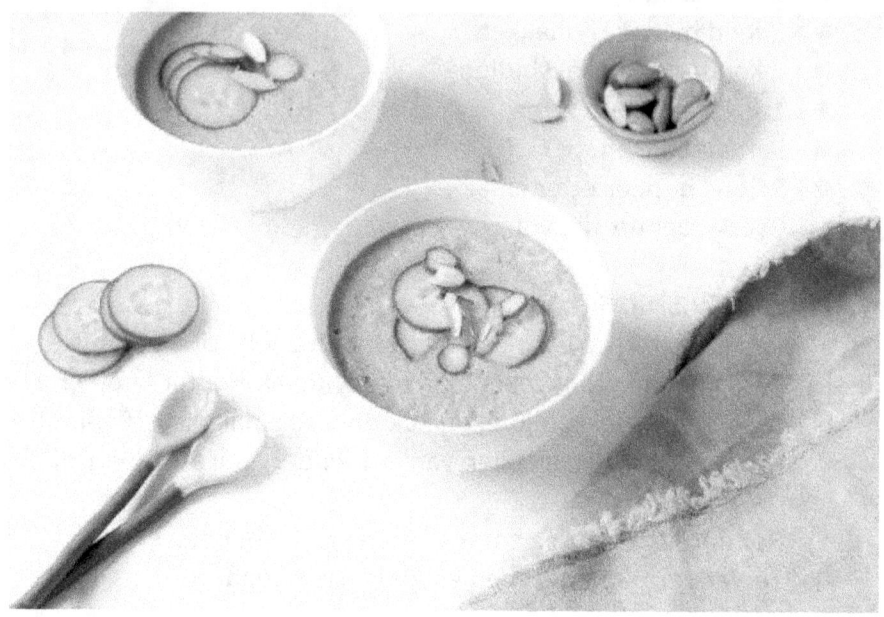

INGREDIENSER:
- 1 haug reddiker, trimmet og skjært i skiver
- 1 agurk, skrelt og hakket
- 1 grønt eple, skrelt og hakket
- 2 ss friske mynteblader
- 2 kopper grønnsaksbuljong
- Saft av 1 lime
- Salt og pepper etter smak

BRUKSANVISNING:
a) Kombiner reddiker, agurk, grønt eple, mynteblader, grønnsaksbuljong, limejuice, salt og pepper i en blender.
b) Bland til jevn.
c) Avkjøl i minst 1 time for å avkjøle.
d) Serveres kald, pyntet med friske mynteblader.

47.Reddik Og Betesuppe

INGREDIENSER:
- 1 haug reddiker, trimmet og skjært i skiver
- 2 rødbeter, skrellet og hakket
- 1 løk, hakket
- 2 fedd hvitløk, finhakket
- 4 kopper grønnsaksbuljong
- ¼ kopp vanlig gresk yoghurt
- Saft av 1 sitron
- Salt og pepper etter smak

BRUKSANVISNING:

a) I en stor gryte, sauter reddiker, rødbeter, løk og hvitløk til de er myke.

b) Tilsett grønnsaksbuljong og kok opp. La småkoke i 20 minutter til grønnsakene er møre.

c) Bruk en stavmikser eller vanlig blender, puré suppen til den er jevn.

d) Rør inn gresk yoghurt og sitronsaft. Smak til med salt og pepper.

e) Server varm, pyntet med en klatt gresk yoghurt og et dryss hakkede reddiker.

48. Reddik og tomatsuppe

INGREDIENSER:
- 1 haug reddiker, trimmet og skjært i skiver
- 4 tomater, hakket
- 1 løk, hakket
- 2 fedd hvitløk, finhakket
- 4 kopper grønnsaksbuljong
- 2 ss tomatpuré
- 1 ss olivenolje
- Salt og pepper etter smak
- Frisk basilikum til pynt

BRUKSANVISNING:
a) I en stor gryte, sauter reddiker, tomater, løk og hvitløk i olivenolje til de er myke.
b) Tilsett grønnsaksbuljong og kok opp. La småkoke i 20 minutter til grønnsakene er møre.
c) Bruk en stavmikser eller vanlig blender, puré suppen til den er jevn.
d) Rør inn tomatpuré og smak til med salt og pepper.
e) Serveres varm, pyntet med friske basilikumblader.

49.Reddik og kokos karrisuppe

INGREDIENSER:
- 1 haug reddiker, trimmet og skjært i skiver
- 1 løk, hakket
- 2 fedd hvitløk, finhakket
- 1 ss karripulver
- 1 boks kokosmelk
- 4 kopper grønnsaksbuljong
- 1 ss olivenolje
- Salt og pepper etter smak
- Frisk koriander til pynt

BRUKSANVISNING:

a) I en stor gryte, surr reddikene, løken og hvitløken i olivenolje til de er myke.

b) Tilsett karri og rør i et minutt.

c) Tilsett kokosmelk og grønnsaksbuljong. Kok opp. La småkoke i 15 minutter.

d) Bruk en stavmikser eller vanlig blender, puré suppen til den er jevn.

e) Smak til med salt og pepper.

f) Server varm, pyntet med fersk koriander.

50. Reddik og spinatsuppe

INGREDIENSER:
- 1 haug reddiker, trimmet og skjært i skiver
- 2 kopper friske spinatblader
- 1 løk, hakket
- 2 fedd hvitløk, finhakket
- 4 kopper grønnsaksbuljong
- 1 ss smør
- ½ kopp melk eller fløte
- Salt og pepper etter smak

BRUKSANVISNING:

a) I en stor gryte, sauter reddiker, spinat, løk og hvitløk i smør til de er myke.

b) Tilsett grønnsaksbuljong og kok opp. La småkoke i 15 minutter.

c) Bruk en stavmikser eller vanlig blender, puré suppen til den er jevn.

d) Rør inn melken eller fløten og smak til med salt og pepper.

e) Serveres varm, pyntet med et dryss ferske reddikskiver.

51. Reddik og soppsuppe

INGREDIENSER:
- 1 haug reddiker, trimmet og skjært i skiver
- 8 gram sopp, i skiver
- 1 løk, hakket
- 2 fedd hvitløk, finhakket
- 4 kopper grønnsaksbuljong
- 2 ss olivenolje
- ¼ kopp vanlig gresk yoghurt
- Salt og pepper etter smak
- Frisk timian til pynt

BRUKSANVISNING:
a) I en stor gryte sauter du reddiker, sopp, løk og hvitløk i olivenolje til de er myke.
b) Tilsett grønnsaksbuljong og kok opp. La småkoke i 20 minutter til grønnsakene er møre.
c) Bruk en stavmikser eller vanlig blender, puré suppen til den er jevn.
d) Rør inn gresk yoghurt og smak til med salt og pepper.
e) Serveres varm, pyntet med friske timianblader.

52. Stekt søtpotet og prosciutto salat

INGREDIENSER:
- Honning 1 teskje
- Sitronsaft 1 ss
- Grønn løk (delt og i skiver) 2
- Søt rød pepper (finhakket) ¼ kopp
- Pecannøtter (hakkede og ristede) ⅓ kopp
- Reddiker (skiver) ½ kopp
- Prosciutto (tynne skiver og skåret i julien) ½ kopp
- Pepper ⅛ teskje
- ½ ts salt (delt)
- 4 ss olivenolje (delt)
- 3 søtpoteter, medium (skrelles og kuttes i 1-tommers)

BRUKSANVISNING:
a) Forvarm ovnen til 400 grader F.
b) Legg søtpotetene i en smurt ildfast form (15x10x1 tommer).
c) Drypp 2 ss olje og dryss ¼ ts salt og pepper og vend dem skikkelig.
d) Stek i en halvtime, og fortsatt med jevne mellomrom.
e) Dryss litt prosciutto over søtpotetene og stek den i 10 til 15 minutter til søtpoteten er møre og prosciuttoen har blitt sprø.
f) Ha blandingen over i en stor bolle og la den avkjøles litt.
g) Tilsett halvparten av den grønne løken, rød pepper, pekannøtter og reddiker. Ta en liten bolle og visp saltet, den resterende oljen, honning og sitronsaft til det er godt blandet.
h) Drypp det over salaten; sleng skikkelig for å kombinere. Dryss med de resterende grønne løkene.

53. Vannmelon med reddik mikrogrønnsalat

INGREDIENSER:
- 1 ss balsamicoeddik
- Salt etter smak
- En håndfull reddikmikrogrønt
- 2 ss olivenolje, extra virgin
- 1 skive vannmelon
- 2 ss hakkede mandler
- 20 g fetaost, smuldret

BRUKSANVISNING:
a) Legg vannmelonen din på en tallerken.
b) Fordel fetaosten og mandlene på toppen av vannmelonen.
c) Drypp ekstra virgin olivenolje og balsamicoeddik over dem.
d) Legg mikrogrønnsakene på toppen.

54. Mikrogrønt og snøertesalat

INGREDIENSER:
VINAIGRETTE
- 1 ts lønnesirup
- 2 ts limejuice
- 2 ss hvit balsamicoeddik
- 1 ½ kopp jordbær i terninger
- 3 ss olivenolje

SALAT
- 2 reddiker, i tynne skiver
- 6 gram kål mikrogrønt
- 12 snøerter, i tynne skiver
- Halvede jordbær, spiselige blomster og friske urtekvister, til pynt

BRUKSANVISNING:
a) For å lage vinaigretten, visp sammen jordbær, eddik og lønnesirup i en røreform. Sil av væsken og tilsett limejuice og olje.
b) Smak til med salt og pepper.
c) For å lage salaten, kombiner mikrogrønt, snøerter, reddiker, lagrede jordbær og ¼ kopp vinaigrette i en stor miksebolle.
d) Tilsett halverte jordbær, spiselige blomster og friske urtekvister som garnityr.

55. Mikrogrønn vårsalat

INGREDIENSER:
- 2 ss salt
- 1 håndfull erteskudd mikrogrønt
- ½ kopp favabønner, blanchert
- 4 gulrøtter, små terninger, blanchert
- 1 håndfull Pak Choi mikrogrønt
- 1 håndfull Wasabi Sennep mikrogrønt
- 1 klype amarant mikrogrønt
- 4 reddiker, skåret i tynne mynter
- 1 kopp erter, blanchert
- Salt og pepper etter smak

GULROT-INGGERDRESSING
- ¼ kopp risvineddik
- ½ kopp vann
- 1-tommers ingefær, skrelt og skåret i skiver
- 1 ss soyasaus
- 1 ss majones
- Kosher salt og sort pepper etter smak

BRUKSANVISNING:
a) Kombiner mikrogrønt, reddiker, gulrøtter, erter og fava-bønner, og smak til med salt og pepper.
b) Bland ingefær, ½ kopp reserverte gulrøtter, risvinseddik og vann til en jevn blanding.
c) Ta ut av blenderen og bland inn soyasaus og majones .
d) Bland salaten med dressingen og server

BETE

56. Rødbetehasj med egg

INGREDIENSER:
- 1 pund rødbeter, skrelt og i terninger
- ½ pund Yukon Gold-poteter, skrubbet og i terninger
- Grovt salt og nykvernet sort pepper
- 2 ss ekstra virgin olivenolje
- 1 liten løk, i terninger
- 2 ss hakket fersk persille
- 4 store egg

BRUKSANVISNING:

a) Dekk rødbeter og poteter med vann i en høysidet panne og kok opp. Smak til med salt og kok til de er møre, ca 7 minutter. Tøm og tørk av pannen.

b) Varm olje i en panne på middels høy varme. Tilsett kokte rødbeter og poteter og kok til potetene begynner å bli gylne i ca. 4 minutter. Reduser varmen til middels, tilsett løk og stek under omrøring til den er mør, ca. 4 minutter. Juster krydder og rør inn persille.

c) Lag fire brede brønner i hasjen. Knekk ett egg i hvert og krydre egget med salt. Stek til hvitene har stivnet, men eggeplommene fortsatt er rennende i 5 til 6 minutter.

57.Rødbeteskorpe frokostpizza

INGREDIENSER:
FOR PIZZASKORPE:
- 1 kopp kokte og purerte rødbeter
- ¾ kopp mandelmel
- ⅓ kopp brunt rismel
- ½ ts salt
- 2 ts bakepulver
- 1 ss kokosolje
- 2 ts rosmarin hakket opp
- 1 egg

TOPPING:
- 3 egg
- 2 skiver kokt bacon smuldret opp
- avokado
- ost

BRUKSANVISNING :
a) Forvarm ovnen til 375 grader
b) Bland alle ingrediensene til pizzabunnen
c) Stek i 5 minutter
d) Ta ut og lag 3 små "brønner" ved hjelp av baksiden av en skje eller isform
e) Slipp de 3 eggene i disse "brønnene"
f) Stek i 20 minutter
g) Topp med ost og bacon og stek i 5 minutter til
h) Tilsett mer rosmarin, ost og avokado.

58. B et chips

INGREDIENSER:
- 4 mellomstore rødbeter, skyll og skjær i tynne skiver
- 1 ts havsalt
- 2 ss olivenolje
- Hummus, til servering

BRUKSANVISNING:
a) Forvarm luftfrityreren til 380 °F.
b) I en stor bolle blander du rødbetene med havsalt og olivenolje til de er godt dekket.
c) Legg beteskivene i airfryeren og fordel dem i ett lag.
d) Stek i 10 minutter. Rør og stek deretter i ytterligere 10 minutter. Rør om igjen, og stek deretter i 5 til 10 minutter til slutt, eller til chipsen når ønsket sprøhet.
e) Server med en favoritt hummus.

59. Dill og hvitløksbeter

INGREDIENSER:
- 4 rødbeter, renset, skrellet og skåret i skiver
- 1 fedd hvitløk, finhakket
- 2 ss hakket fersk dill
- ¼ teskje salt
- ¼ teskje svart pepper
- 3 ss olivenolje

BRUKSANVISNING:
a) Forvarm airfryeren til 380 °F.
b) Bland alle ingrediensene i en stor bolle slik at rødbetene er godt dekket med oljen.
c) Hell beteblandingen i luftfrityrkurven og stek i 15 minutter før du rører, og fortsett deretter å steke i 15 minutter til.

60. Rødbete forrett salat

INGREDIENSER:
- 2 pund rødbeter
- Salt
- ½ hver Spansk løk, i terninger
- 4 tomater, flådd, frøsådd og i terninger
- 2 ss eddik
- 8 ss olivenolje
- Svarte oliven
- 2 hver Hvitløksfedd, hakket
- 4 spiseskjeer Italiensk persille, hakket
- 4 spiseskjeer Koriander, hakket
- 4 medier Poteter, kokte
- Salt og pepper
- Varm rød pepper

BRUKSANVISNING:

a) Skjær av endene av rødbeter. Vask godt og kok i kokende saltet vann til de er møre. Tøm og fjern skinn under rennende kaldt vann. Terning.

b) Bland ingrediensene til dressingen.

c) Kombiner rødbeter i en salatskål med løk, tomat, hvitløkskoriander og persille. Hell over halvparten av dressingen, bland forsiktig og avkjøl i 30 minutter. Skjær potetene i skiver, legg i en grunn bolle og bland med resten av dressingen. Slapp av.

d) Når du er klar til å montere, ordner du rødbeter, tomat og løk i midten av en grunn bolle og legger poteter i en ring rundt dem. Pynt med oliven.

61. Bete båter

INGREDIENSER:
- 8 små Rødbeter
- 10 gram krabbekjøtt , hermetisert eller fersk
- 2 teskjeer Finhakket fersk persille
- 1 teskje Sitronsaft

BRUKSANVISNING:

a) Damp rødbeter i 20-40 minutter, eller til de er møre. Skyll med kaldt vann, skrell og la avkjøles. I mellomtiden blander du krabbekjøtt, persille og sitronsaft.

b) Når rødbetene er kjølige, halver og øs ut sentrene med en melonballer eller teskje, og gjør en hul. Fyll med krabbeblanding.

c) Server som forrett, eller til lunsj sammen med stekt rødbetegrønt.

62. Bete Fritters

INGREDIENSER:
- 2 kopper Revet rå rødbeter
- ¼ kopp Løk, i terninger
- ½ kopp Brødsmuler
- 1 stor Egg, pisket
- ¼ teskje Ingefær
- Salt og pepper etter smak

BRUKSANVISNING:

a) Bland alle ingrediensene. Hell ut porsjoner på størrelse med pannekaker på en varm, oljet takke.

b) Kok til brun, snu en gang.

c) Server toppet med smør, rømme, yoghurt eller en hvilken som helst kombinasjon av disse.

63.Fylte rødbeter

INGREDIENSER:
- 6 store Rødbeter
- 6 spiseskjeer Revet skarp ost
- 2 spiseskjeer Brødsmuler
- 2 spiseskjeer Rømme
- 1 spiseskje Pickle relish
- ½ teskje Salt
- ¼ teskje Pepper
- ¼ kopp Smør
- ¼ kopp hvitvin

BRUKSANVISNING:

a) Hul ut rødbeter, eller bruk rødbeter som har blitt brukt til å lage sukkerrørpynt.

b) Kok de uthulede rødbetene i lettsaltet vann til de er møre.

c) Avkjøl og fjern skinnet. Forvarm ovnen til 350F. Bland ost, brødsmuler, rømme, sylteagurk og krydder.

d) Fyll rødbetene med denne blandingen og legg dem i en grunn smurt ildfast form. Pensle med smør og stek utildekket i en 350 F ovn i 15 til 20 minutter.

e) Smelt smøret og bland det med hvitvinen og tråkle av og til for å holde det fuktig.

64. Spansk makrell grillet med epler og rødbeter

INGREDIENSER:
- 2 spansk makrell (omtrent 2 pund hver), skalert og renset, med gjeller fjernet
- 2¼ kopper fennikellake
- 1 ss olivenolje
- 1 middels løk, finhakket
- 2 mellomstore rødbeter, stekt, kokt, grillet eller hermetisert; finhakket
- 1 syrlig eple, skrelt, kjerneskåret og finhakket
- 1 hvitløksfedd, finhakket
- 1 ss finhakket fersk dill eller fennikelblader
- 2 ss fersk geitost
- 1 lime, kuttet i 8 skiver

BRUKSANVISNING:

a) Skyll fisken og legg den i en 1-liters pose med glidelås med saltlaken, trykk ut luften og forsegl posen. Avkjøl i 2 til 6 timer.

b) Varm oljen i en stor stekepanne over middels varme. Tilsett løken og fres til den er mør, ca 3 minutter. Tilsett rødbetene og eplet og fres til eplet er mørt, ca 4 minutter. Rør inn hvitløk og dill og varm gjennom, ca 1 minutt. Avkjøl blandingen til romtemperatur og rør inn geitosten.

c) Tenn i mellomtiden en grill for direkte middels varme, ca 375¡F.

d) Fjern fisken fra saltlaken og tørk. Kast saltlaken. Fyll fiskens hulrom med den avkjølte bete- og epleblandingen og fest med hyssing om nødvendig.

e) Pensle grillristen og smør den med olje. Grill fisken til skinnet er sprøtt og fisken ser ugjennomsiktig ut på overflaten, men fortsatt er filmaktig og fuktig i midten (130¼F på et øyeblikkelig avlest termometer), 5 til 7 minutter per side. Ta fisken ut på et serveringsfat og server med limebåtene.

65. Rødbeterisotto

INGREDIENSER:
- 50 g smør
- 1 løk, finhakket
- 250 g risottoris
- 150 ml hvitvin
- 1 liter grønnsakskraft
- 300g kokt rødbeter
- 1 sitron, skallet og saftet
- flatbladpersille en liten haug, grovhakket
- 125 g myk geitost
- en håndfull valnøtter, ristet og hakket

BRUKSANVISNING:

a) Smelt smøret i en dyp stekepanne og stek løken med litt krydder i 10 minutter til den er myk. Ha i risen og rør til hvert korn er belagt, hell deretter i vinen og boble i 5 minutter.

b) Tilsett kraften en øse om gangen, mens du rører, tilsett bare mer når forrige batch er absorbert.

c) I mellomtiden tar du ½ rødbeten og visp den i en liten blender til den er jevn, og hakk resten.

d) Når risen er kokt rører du gjennom de piskede og hakkede rødbetene, sitronskall og -saft, og det meste av persillen. Del mellom tallerkener og topp med en smuldring av geitost, valnøttene og resten av persillen.

66.Bete Sliders Med Microgreens

INGREDIENSER:
BEETTER
- 1 fedd hvitløk, litt knust og skrellet
- 2 gulrøtter skrelt, trimmet
- Klyp Salt og pepper
- 1 løk, skrelt og delt i kvarte
- 4 rødbeter
- 1 ss karvefrø
- 2 stilker selleri skylt, trimmet

KLEDNING:
- ½ kopp majones
- ⅓ kopp kjernemelk
- ½ kopp hakket persille, gressløk, estragon eller timian
- 1 ss sitronsaft ferskpresset
- 1 ts ansjospasta
- 1 fedd hvitløk hakket
- Salt pepper _

TOPPING:
- Skyveboller
- 1 rødløk i tynne skiver
- Håndfull blandede mikrogrønt

BRUKSANVISNING:
PÅKLEDNING
a) Kombiner kjernemelk, urter, majones, sitronsaft, ansjospasta, hvitløk, salt og pepper.

BEETTER
b) I en nederlandsk ovn, kok rødbeter, selleri, gulrøtter, løk, hvitløk, karvefrø, salt og pepper i 55 minutter.

c) Skrell rødbetene og skjær dem i skiver.

d) Stek beteskivene i 3 minutter på hver side i en sprøytebelagt panne.

Å SETTE SAMMEN
e) Plasser skyvebollene på en tallerken, og topp dem med rødbeter, vinaigrette, rødløk og mikrogrønt.

f) Nyt.

67. Reker med amarant og geitost

INGREDIENSER:
- 2 rødbeter spiralisert
- 4 oz myknet geitost
- ½ kopp Ruccola Microgreens lett hakket
- ½ kopp Amaranth Microgreens lett hakket
- 1 pund reker
- 1 kopp hakkede valnøtter
- ¼ kopp rårørsukker
- 1 ss smør
- 2 ss Extra Virgin Olivenolje

BRUKSANVISNING:
a) Sett ut geitosten for å myke i 30 minutter før du starter forberedelsene.
b) Forvarm ovnen til 375 grader
c) Varm opp en stekepanne over moderat varme.
d) Tilsett valnøtter, sukker og smør i pannen og rør ofte over moderat varme.
e) Rør hele tiden når sukkeret begynner å smelte.
f) Når valnøtter er belagt, overføres de umiddelbart til et ark med bakepapir og skiller nøttene fra hverandre slik at de ikke stivner sammen. Sette til side
g) Skjær rødbeter i spiraler.
h) Kast spiraler med olivenolje og havsalt.
i) Fordel rødbeter på et kakepapir og stek i ovnen i 20 - 25 minutter.
j) Skyll reker og legg i en kjele.
k) Fyll en panne med vann og havsalt. Kok opp.
l) Tøm vannet og legg det i et isbad for å stoppe kokingen.
m) Klipp og skjær opp ruccola-mikrogrønt. Sette til side.
n) Tilsett mikrogrønt til myknet ost, og la det være noen klyper av hver mikrogrønt.
o) Bland mikrogrønt og ost.
p) Skrap osteblandingen til en ball.
q) Tallerken rødbeter.
r) Legg en skje ost på toppen av rødbetene.

s) Legg valnøtter rundt på tallerkenen.
t) Tilsett reker og dryss med resterende mikrogrønt, salt og sprukket pepper.

68. Grillet kamskjell med fersk betesaus

INGREDIENSER:
- 1¼ kopp fersk betejuice
- Fruktig olivenolje
- 1 ts hvitvinseddik
- Kosher salt; å smake
- nykvernet svart pepper; å smake
- 1¼ pund ferske kamskjell
- Noen dråper fersk sitronsaft
- 1 pund unge grønnkålblader; tøff senterkjerne fjernet
- Noen dråper sherryeddik
- Fersk gressløk; kuttet i staver
- Små terninger av gul paprika

BRUKSANVISNING:

a) Ha betejuice i en ikke-reaktiv kjele og kok til den er redusert til omtrent ½ kopp.

b) Av varmen, visp 2 til 3 ss olivenolje sakte til en reduksjon for å tykne sausen. Visp inn hvitvinseddik, salt og pepper etter smak. Sett til side og hold varmen.

c) Smør kamskjellene lett og smak til med salt, pepper og noen dråper sitronsaft.

d) Pensle grønnkålbladene med olje og krydre lett. Grill grønnkål på begge sider til bladene er litt forkullet og gjennomstekt.

e) Grill kamskjellene til de akkurat er gjennomstekt (senteret skal være litt ugjennomsiktig). Anrett grønnkålen vakkert i midten av varme tallerkener og drypp noen dråper sherryeddik over.

f) Legg kamskjell på toppen og skje med rødbetesaus rundt. Pynt med gressløkstenger og gul pepper og server umiddelbart.

SØTPOTET

69. Frittata med søtpotet og spinat

INGREDIENSER:
- 1 middels søtpotet, skrelt og i terninger
- 1 kopp friske spinatblader
- 1/2 løk, i terninger
- 4 egg
- 1/4 kopp melk
- Salt og pepper etter smak
- Olivenolje til matlaging

BRUKSANVISNING:
a) Forvarm ovnen til 350°F (175°C).
b) Varm olivenolje i en ovnssikker panne på middels varme.
c) Tilsett søtpotet og løk i terninger i pannen og stek til søtpotetene er møre, ca. 8-10 minutter.
d) Tilsett spinatblader og kok til de er visne, ca. 2 minutter.
e) I en bolle, visp sammen egg, melk, salt og pepper.
f) Hell eggeblandingen over søtpotet og spinat i langpanna.
g) Stek på komfyren i noen minutter til kantene begynner å stivne.
h) Overfør pannen til den forvarmede ovnen og stek i ca 12-15 minutter, eller til frittataen er satt i midten.
i) Ta den ut av ovnen og la den avkjøles litt før den skjæres i skiver og serveres.

70. Søtpotet frokostskål

INGREDIENSER:
- 1 middels søtpotet, stekt og most
- 1/2 kopp gresk yoghurt
- 2 ss honning
- 1/4 kopp granola
- Friske bær til topping

BRUKSANVISNING:
a) Kombiner søtpotetmos, gresk yoghurt og honning i en bolle.
b) Rør godt for å kombinere.
c) Topp søtpotetblandingen med granola og friske bær.
d) Nyt søtpotet frokostskålen kald eller ved romtemperatur.

71.Søtpotet og pølse frokostgryte

INGREDIENSER:
- 2 kopper kokte og moste søtpoteter
- 1 pund frokostpølse, kokt og smuldret
- 1/2 løk, i terninger
- 1 paprika, i terninger
- 1 kopp revet cheddarost
- 8 egg
- 1/2 kopp melk
- Salt og pepper etter smak

BRUKSANVISNING:

a) Forvarm ovnen til 350°F (175°C).

b) Legg søtpotetmos, kokt pølse, løk i terninger, paprika i terninger og revet cheddarost i en smurt ildfast form.

c) I en bolle, visp sammen egg, melk, salt og pepper.

d) Hell eggeblandingen over ingrediensene i bakebollen.

e) Stek i ca 30-35 minutter, eller til eggene er stivnet og toppen er gyllenbrun.

f) La gryten avkjøles i noen minutter før den skjæres i skiver og serveres.

72. Søtpotet frokost cookies

INGREDIENSER:
- 1 kopp kokte og moste søtpoteter
- 1/4 kopp mandelsmør
- 1/4 kopp honning
- 1 ts vaniljeekstrakt
- 1 kopp havregryn
- 1/2 kopp fullkornshvetemel
- 1/2 ts bakepulver
- 1/2 ts malt kanel
- 1/4 ts salt
- 1/4 kopp tørkede tranebær eller rosiner
- 1/4 kopp hakkede nøtter (valgfritt)

BRUKSANVISNING:

a) Forvarm ovnen til 350 °F (175 °C) og kle en stekeplate med bakepapir.

b) Kombiner søtpotetmos, mandelsmør, honning og vaniljeekstrakt i en bolle. Bland godt.

c) I en separat bolle, visp sammen havre, fullkornshvetemel, bakepulver, kanel og salt.

d) Tilsett de tørre ingrediensene til søtpotetblandingen og rør til det er blandet.

e) Vend inn tørkede tranebær eller rosiner og hakkede nøtter, om ønskelig.

f) Slipp skjeer av kjeksdeigen på det tilberedte stekebrettet.

g) Stek i ca 12-15 minutter, eller til kakene er lett gylne.

h) La kakene avkjøles på stekeplaten før de overføres til en rist for å avkjøles helt.

73. Søtpotet og bacon frokostgryte

INGREDIENSER:
- 2 mellomstore søtpoteter, skrelt og i terninger
- 4 skiver bacon, hakket
- 1/2 løk, i terninger
- 1 paprika, i terninger
- 4 egg
- Salt og pepper etter smak

BRUKSANVISNING:

a) Kok det hakkede baconet i en panne til det er sprøtt. Ta ut av pannen og sett til side.

b) Tilsett søtpotet i terninger i samme panne og kok til de er møre, ca 8-10 minutter.

c) Tilsett løk og paprika i terninger i pannen og stek til de er myke, ca. 3-4 minutter.

d) Skyv søtpotetblandingen til den ene siden av gryten og knekk eggene på den andre siden.

e) Smak til med salt og pepper.

f) Kok til eggene er ferdige og søtpotetene er litt karamelliserte.

g) Dryss det kokte baconet over pannen.

h) Server søtpotet- og baconfrokostpannen varm.

74.Søtpotet Smoothie Bowl

INGREDIENSER:
- 1 middels søtpotet, stekt og skrelt
- 1 frossen banan
- 1/2 kopp gresk yoghurt
- 1/2 kopp mandelmelk (eller annen melk etter eget valg)
- 1 ss honning eller lønnesirup
- Toppings: banan i skiver, granola, kokosflak, chiafrø

BRUKSANVISNING:

a) Kombiner stekt søtpotet, frossen banan, gresk yoghurt, mandelmelk og honning eller lønnesirup i en blender.

b) Bland til en jevn og kremaktig.

c) Hell smoothien i en bolle og tilsett ønsket pålegg, for eksempel skivet banan, granola, kokosflak og chiafrø.

d) Nyt søtpotetsmoothieskålen umiddelbart.

75. Søtpotet frokost Burrito Bowl

INGREDIENSER:
- 2 mellomstore søtpoteter, skrelt og i terninger
- 1 ss olivenolje
- 1 ts paprika
- Salt og pepper etter smak
- 4 egg, eggerøre
- 1 kopp svarte bønner, skyllet og drenert
- Salsa eller varm saus til servering
- Avokadoskiver til pynt

BRUKSANVISNING:
a) Forvarm ovnen til 425°F (220°C).
b) Kast terninger av søtpoteter med olivenolje, paprika, salt og pepper i en ildfast form.
c) Stek i ovnen i ca 20-25 minutter, eller til søtpotetene er møre og litt sprø.
d) I en bolle, lag ristede søtpoteter, eggerøre og svarte bønner.
e) Topp med salsa eller varm saus og pynt med avokadoskiver.
f) Server burrito-skålen med søtpotetfrokost varm.

76. Ceviche Peruano

INGREDIENSER:
- 2 mellomstore poteter
- 2 hver søtpotet
- 1 rødløk, kuttet i tynne strimler
- 1 kopp fersk limejuice
- ½ stilk selleri, i skiver
- ¼ kopp lettpakket korianderblader
- 1 klype malt spisskummen
- 1 fedd hvitløk, finhakket
- 1 habanero pepper
- 1 klype salt og nykvernet pepper
- 1 pund fersk tilapia kuttet i ½-tommers
- 1 pund mellomstore reker - skrellet,

BRUKSANVISNING:

a) Ha potetene og søtpotetene i en kjele og dekk med vann. Legg den skivede løken i en bolle med varmt vann.

b) Bland selleri, koriander og spisskummen, og rør inn hvitløk og habaneropepper. Smak til med salt og pepper, og rør deretter inn tilapia i terninger og reker

c) For servering skrell potetene og skjær dem i skiver. Rør inn løkene i fiskeblandingen. Kle serveringsboller med salatblader. Hell cevichen som består av juice i bollene og pynt med potetskiver.

77.Ingefærede søtpotetfritter

INGREDIENSER:
- EN; (1/2 pund) søtpotet
- 1½ ts Finhakket, skrellet fersk ingefærrot
- 2 ts fersk sitronsaft
- ¼ teskje Tørkede varme røde pepperflak
- ¼ teskje salt
- 1 stort egg
- 5 ss All-purpose mel
- Vegetabilsk olje til frityrsteking

BRUKSANVISNING:

a) Finhakk den revne søtpoteten med ingefærroten, sitronsaften, de røde pepperflakene og saltet i en foodprosessor, tilsett egget og melet og bland blandingen godt.

b) Varm 1½ tommer av oljen i en stor kjele og slipp spiseskjeer av søtpotetblandingen i oljen til de er gylne

c) Overfør fritterne til papirhåndklær for å renne av.

78. Søtpotet marshmallow biter

INGREDIENSER:

- 4 søtpoteter, skrelt og oppskåret
- 2 ss smeltet plantebasert smør
- 1 ts lønnesirup
- Kosher salt
- 10-unse pose marshmallows
- ½ kopp halve pekannøtter

BRUKSANVISNING:

a) Forvarm ovnen til 400 grader Fahrenheit.
b) Kast søtpoteter med smeltet plantebasert smør og lønnesirup på en bakeplate og legg dem i et jevnt lag. Smak til med salt og pepper.
c) Stek til de er myke, ca. 20 minutter, snu halvveis. Fjerne.
d) Topp hver søtpotetrunde med en marshmallow og stek i 5 minutter.
e) Server umiddelbart med en pecan-halvdel på toppen av hver marshmallow.

79. Fylte søtpoteter

INGREDIENSER:
- 1 kopp vann
- 1 søtpotet
- 1 ss ren lønnesirup
- 1 ss mandelsmør
- 1 ss hakkede pekannøtter
- 2 ss blåbær
- 1 ts chiafrø
- 1 ts karri p aste

BRUKSANVISNING:

a) Tilsett en kopp vann og dampstativet i instant-gryten.

b) Forsegl lokket og plasser søtpoteten på risten, pass på at utløserventilen er i riktig posisjon.

c) Forvarm Instant Pot til høyt trykk i 15 minutter på manuell. Det vil ta noen minutter før trykket bygges opp.

d) Etter at timeren går av, la trykket falle naturlig i 10 minutter. For å slippe ut gjenværende trykk, drei utløserventilen.

e) Når flottørventilen har falt, fjern søtpoteten ved å åpne lokket.

f) Når søtpoteten er avkjølt nok til å håndtere, kutt den i to og mos kjøttet med en gaffel.

g) Topp med pekannøtter, blåbær og chiafrø, og drypp deretter med lønnesirup og mandelsmør.

80.Tempura søtpoteter

INGREDIENSER:
- 2 mellomstore søtpoteter
- Vegetabilsk olje, til steking
- 1 kopp universalmel
- ¼ kopp maisstivelse
- ½ ts salt
- 1 kopp iskaldt vann
- Dipsaus etter eget valg (f.eks. soyasaus, ponzusaus eller søt chilisaus)

BRUKSANVISNING:

a) Skrell søtpotetene og skjær dem i tynne skiver eller fyrstikker. Bløtlegg dem i kaldt vann i noen minutter for å fjerne overflødig stivelse. Tørk av og tørk med et papirhåndkle.

b) Varm opp vegetabilsk olje i en frityrkoker eller stor gryte til rundt 175 °C (350 °F).

c) I en miksebolle kombinerer du allsidig mel, maisstivelse og salt. Tilsett gradvis det iskalde vannet, rør forsiktig, til du oppnår en jevn rørekonsistens. Vær forsiktig så du ikke overmikser; det er greit hvis det er noen klumper.

d) Dypp hver søtpotetskive eller fyrstikk i tempura-røren, og sørg for at den er jevnt belagt. La eventuell overflødig røre dryppe av før du forsiktig legger dem i den varme oljen.

e) Stek søtpotetene i omganger, pass på at du ikke overbefolker frityrkokeren eller gryten. Stek dem i ca 2-3 minutter eller til tempura-røren blir gyllen og sprø. Fjern dem fra oljen med en hullsleiv eller tang og overfør dem til en tallerken dekket med papirhåndklær for å absorbere overflødig olje.

f) Gjenta prosessen med de resterende søtpotetene til alt er kokt.

g) Server tempura-søtpotetene varme med en dipsaus etter eget valg. De lager en smakfull og sprø forrett eller kan serveres som tilbehør til et hovedmåltid.

81.Kalkun og søtpotet Tempura

INGREDIENSER:
- 2 kalkunkoteletter, i tynne skiver
- 1 liten søtpotet, skrelt og i tynne skiver
- 1 kopp universalmel
- ¼ kopp maisstivelse
- ¼ teskje bakepulver
- ¼ teskje salt
- 1 kopp iskaldt vann
- Vegetabilsk olje til steking
- Honning sennepssaus eller din foretrukne dipsaus til servering

BRUKSANVISNING:
a) Skjær kalkunkotelettene og søtpoteten i tynne strimler.
b) I en bolle, visp sammen mel, maisstivelse, bakepulver og salt.
c) Tilsett det iskalde vannet gradvis til de tørre ingrediensene, visp til røren er jevn med klumper.
d) Varm vegetabilsk olje i en frityrgryte eller stor gryte til 180 °C (360 °F).
e) Dypp hver kalkunstrimmel og søtpotetskive i røren, og belegg dem jevnt.
f) Legg forsiktig kalkunen og søtpoteten i den varme oljen og stek til de er gyldenbrune, snu dem en gang for jevn matlaging.
g) Bruk en hullsleiv til å fjerne den stekte kalkunen og søtpoteten fra oljen og overfør dem til en tallerken med papirhåndkle for å drenere overflødig olje.
h) Server kalkun- og søtpotettempuraen med honningsennepssaus eller din foretrukne dipsaus for en smakfull kombinasjon av smaker.

82.Sweet Potet Nachos

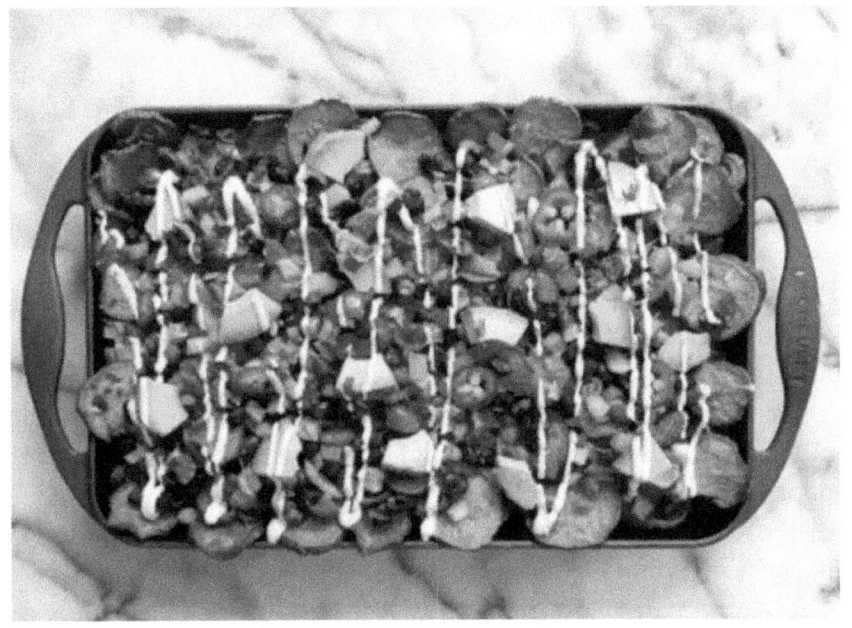

INGREDIENSER:
- 1 ss olivenolje
- ⅓ kopp hakket tomat
- ⅓ kopp hakket avokado
- 1 ts chilipulver
- 1 ts hvitløkspulver
- 3 søtpoteter
- 1½ ts paprika
- ⅓ kopp revet cheddarost med redusert fett

BRUKSANVISNING:

a) Forvarm ovnen til 425 grader Fahrenheit. Dekk bakeformene med nonstick-spray og dekk dem med folie.

b) Skrell og skjær søtpotetene i tynne skiver i 14-tommers runder.

c) Kast rundene med olivenolje, chilipulver, hvitløkspulver og paprika.

d) Fordel likt på den forvarmede pannen og stek i 25 minutter, vend halvveis gjennom koketiden til den er sprø.

e) Ta gryten ut av ovnen og topp søtpotetene med bønner og ost.

f) Stek i ytterligere 2 minutter til osten har smeltet.

g) Ha i tomat og avokado. Tjene.

83. Bakte søtpotetgull

INGREDIENSER:
- 2 store søtpoteter
- 2 ss olivenolje
- Salt og pepper etter smak

BRUKSANVISNING:

a) Forvarm ovnen til 375°F (190°C).

b) Vask og skrell søtpotetene. Skjær dem i tynne skiver med en mandolinkutter eller en skarp kniv.

c) I en stor bolle kaster du søtpotetskivene med olivenolje, salt og pepper til de er jevnt belagt.

d) Legg skivene i et enkelt lag på en stekeplate dekket med bakepapir.

e) Stek i 15-20 minutter, snu chipsen halvveis til den er sprø og lett brun.

f) Ta ut av ovnen og la chipsen avkjøles før servering.

84. Karrikrydret søtpotetchips

INGREDIENSER:
- 2 store søtpoteter
- 2 ss olivenolje
- 1 ts karripulver
- ½ ts salt
- ¼ teskje malt gurkemeie
- ¼ ts malt spisskummen

BRUKSANVISNING:

a) Forvarm ovnen til 375°F (190°C).

b) Vask og skrell søtpotetene. Skjær dem i tynne skiver med en mandolinkutter eller en skarp kniv.

c) I en bolle kaster du søtpotetskivene med olivenolje, karripulver, salt, gurkemeie og spisskummen til de er godt dekket.

d) Legg skivene i et enkelt lag på en stekeplate dekket med bakepapir.

e) Stek i 15-20 minutter, snu chipsen halvveis til den er sprø og lett brun.

f) Ta ut av ovnen og la chipsen avkjøles før servering.

85. Bbq søtpotetchips

INGREDIENSER:
- 2 mellomstore søtpoteter
- 2 ss olivenolje
- 1 ss BBQ-krydder
- ½ ts salt

BRUKSANVISNING:
a) Forvarm ovnen til 375°F (190°C).
b) Vask og skrell søtpotetene.
c) Skjær søtpotetene i tynne skiver med en mandolinkutter eller en skarp kniv.
d) Kombiner olivenolje, BBQ-krydder og salt i en bolle.
e) Kast søtpotetskivene i blandingen til de er godt dekket.
f) Legg søtpotetskivene på en stekeplate kledd med bakepapir.
g) Stek i 15-20 minutter eller til de er sprø og litt karamelliserte.
h) La crispen avkjøles før servering.

86. Søtpotetrunder

INGREDIENSER:
- Salt og pepper
- ½ bakt søtpotet, i skiver
- 2 egg
- ½ kopp grønt valgfritt: mikrogrønt, ruccola, spinat eller annet
- EVOO

BRUKSANVISNING:

a) Legg ¾ av grønnsakene på en tallerken og drypp lett over olivenolje og en klype salt.
b) Varm opp pannen eller takken til middels varme.
c) Tilsett olivenolje, og legg deretter søtpotetskivene i pannen.
d) Smak til med salt og pepper.
e) Kok til bunnen begynner å bli brun, og vend deretter.
f) Ta søtpotetskivene ut av gryten og legg dem på toppen av de ferdigkokte grønnsakene.
g) Knekk to egg i gryten.
h) Krydre dem med litt salt og pepper.
i) Legg eggene til de kokte søtpotetskivene på toppen.
j) Pynt retten med de reserverte grønnsakene.

87. Kalkunskyvere med søtpotet

INGREDIENSER:
- 4 Eplevedrøkte baconstrimler, finhakket
- 1-kilos malt kalkun.
- ½ kopp panko smuler
- 2 store egg
- ½ kopp revet parmesanost
- 4 ss hakket fersk koriander
- 1 ts tørket basilikum
- ½ ts malt spisskummen
- 1 ss soyasaus
- 2 store søtpoteter
- Strimlet Colby-Monterey Jack ost

BRUKSANVISNING:

a) I en stor panne, kok bacon over middels varme til det er sprøtt; renne av på tørkepapir. Kast alt unntatt 2 ss drypp. Sett pannen til side. Kombiner bacon med de neste 8 ingrediensene til det er godt blandet; dekk til og avkjøl i minst 30 minutter.

b) Forvarm ovnen til 425°. Skjær søtpoteter i 20 skiver omtrent ½ tomme tykke. Plasser skiver på en usmurt bakeplate; stek til søtpotetene er møre, men ikke grøtaktige, 30-35 minutter. Fjern skiver; avkjøles på rist.

c) Varm opp pannen med reserverte drypp over middels høy varme. Form kalkunblandingen til patties på størrelse med glidebryteren. Stek glidestykker i porsjoner, 3-4 minutter på hver side, pass på at du ikke fyller pannen. Legg til en klype strimlet cheddar etter å ha snudd hver glidebryter første gang. Kok til et termometer viser 165° og saften blir klar.

d) For å servere, plasser hver glider på en søtpotetskive; dupp med honning dijonsennep. Dekk med en annen søtpotetskive.

e) Pierce med en tannpirker.

88. Søtpotet og gulrot Tinga Taco

INGREDIENSER:
- ¼ kopp vann
- 1 kopp hvitløk i tynne skiver
- 3 fedd hvitløk, finhakket
- 2 ½ kopper revet søtpotet
- 1 kopp revet gulrot
- 1 boks (14 gram) tomater i terninger
- 1 ts meksikansk oregano
- 2 Chipotle paprika i adobo
- ½ kopp grønnsakskraft
- 1 avokado, i skiver
- 8 tortillas

BRUKSANVISNING:

a) I en stor sautépanne over middels varme, tilsett vann og løk, og stek i 3-4 minutter, til løken er gjennomsiktig og myk. Tilsett hvitløken og fortsett å steke under omrøring i 1 minutt.

b) Tilsett søtpotet og gulrot i pannen og kok i 5 minutter mens du rører ofte.

SAUS:

c) Plasser terninger av tomater, grønnsakskraft, oregano og chipotle-pepper i blenderen og kjør til den er jevn.

d) Tilsett chipotle-tomatsaus i pannen og kok i 10-12 minutter, rør av og til, til søtpotetene og gulrøttene er gjennomstekt. Tilsett eventuelt mer grønnsakskraft i pannen.

e) Server på varme tortillas og topp med avokadoskiver.

89. Linser og ris kjøttboller

INGREDIENSER:
- ¾ kopp Linser
- 1 Søtpotet
- 10 Friske spinatblader
- 1 kopp Fersk sopp, hakket
- ¾ kopp mandelmel
- 1 teskje Estragon
- 1 teskje Hvitløkspulver
- 1 teskje Persilleflak
- ¾ kopp Langkornet ris

BRUKSANVISNING:

a) Kok ris til kokt og litt klissete og linser til de er myke. Avkjøl litt.

b) Finhakk en søtpotet som er skrellet og kok til den er myk. Avkjøl litt.

c) Spinatblader skal skylles og finstrimles.

d) Bland alle ingrediensene og krydder og tilsett salt og pepper etter smak.

e) Avkjøl i kjøleskapet i 15-30 min.

f) Form til kjøttboller og stek i en panne eller på en grønnsaksgrill.

g) Sørg for å smøre eller spray en panne med Pam, da disse kjøttbollene har en tendens til å feste seg.

90.Søtpotet Marshmallow gryte

INGREDIENSER:
- 4 ½ pund søtpoteter
- 1 kopp granulert sukker
- ½ kopp vegansk smør myknet
- ¼ kopp plantebasert melk
- 1 ts vaniljeekstrakt
- ¼ teskje salt
- 1 ¼ kopper cornflakes frokostblanding, knust
- ¼ kopp hakkede pekannøtter
- 1 ss brunt sukker
- 1 ss vegansk smør, smeltet
- 1½ kopper miniatyrmarshmallows

BRUKSANVISNING:
a) Forvarm ovnen til 425 grader Fahrenheit.
b) Rist søtpoteter i 1 time eller til de er myke.
c) Skjær søtpoteter i to og øs ut innmaten i en røreform.
d) Bruk en elektrisk mikser, pisk søtpotetmosen, granulert sukker og de følgende 5 ingrediensene til en jevn masse.
e) Hell potetblandingen i en 11 x 7-tommers bakebolle som har blitt smurt.
f) I en miksebolle, kombinere cornflakes frokostblanding og de neste tre ingrediensene.
g) Dryss i diagonale rader 2 tommer fra hverandre over fatet.
h) Stek i 30 minutter .
i) Mellom radene med cornflakes, dryss marshmallows; stek i 10 minutter.

91. Cornflake søtpotetgryte

INGREDIENSER:
- 2 egg
- 3 kopper søtpotetmos
- 1 kopp sukker
- ½ kopp smør, smeltet
- ⅓ kopp melk
- 1 ts vaniljeekstrakt

TOPPING:
- 3 kopper cornflakes
- ⅔ kopp smør, smeltet
- 1 kopp pakket brunt sukker
- ½ kopp hakkede nøtter
- ½ kopp rosiner

BRUKSANVISNING:

a) Pisk egg i en stor bolle, ha i de neste 5 ingrediensene og bland godt.

b) Øs opp i en usmurt 13"x9" ildfast form. Bland ingrediensene til toppingen og dryss over poteter.

c) Stek ved 350 grader i ca 30 til 40 minutter.

92. Bønne, hirsebrød med søtpoteter

INGREDIENSER:
- 1 kopp hakket sopp
- 1 ss olje
- 1 kopp søtpotet i terninger
- Vann, om nødvendig
- ½ kopp silketofu
- 2 ss salsa (valgfritt)
- 2 ss potetstivelse
- 15-unse boks med røde bønner, drenert og skylt
- ½ kopp kokt hirse
- 1 kopp rugbrød, kuttet i små terninger
- ½ kopp tint frossen mais eller mais skrapet frisk fra kolben
- 1 ts hakket rosmarin
- ½ ts salt
- ½ kopp ristede, finhakkede nøtter, alle varianter (valgfritt)

BRUKSANVISNING:

a) Varm en tung stekepanne over middels høy varme. Tilsett sopp og tørrstek til de slipper saften. Reduser varmen.

b) Tilsett olje og søtpoteter, dekk til og kok til søtpotetene er myke.

c) Tilsett eventuelt litt vann for å unngå at potetene setter seg fast. Når poteter og sopp er ferdige, fjern omtrent en halv kopp og kombiner med tofu, salsa og potetstivelse. Bland godt. Sette til side.

d) Forvarm ovnen til 350 grader. Kle bakeformen med bakepapir. I en stor miksebolle kombinerer du de røde bønner, hirse og rugbrød og mos sammen til de er blandet.

e) Rør inn tofublandingen, mais, rosmarin, salt og nøtter.

f) Bland godt. Fordel halvparten av denne blandingen i brødformen.

g) Legg de resterende soppene og søtpotetene over laget, og fordel deretter de resterende bønnene og hirseblandingen på toppen. Kroppsvisitere. Stek i 45 minutter.

h) Ta ut av ovnen og vend på en rist for å avkjøles.

93. Søtpotet Gnocchi Med Rocket Pesto

INGREDIENSER:
- 2 store søtpoteter, bakt og skrelt
- 2 kopper universalmel, pluss ekstra for støvtørking
- 1 ts salt
- ½ ts malt svart pepper
- ¼ ts malt muskatnøtt
- 2 kopper friske ruccolablader
- ½ kopp revet parmesanost
- ¼ kopp pinjekjerner
- 2 fedd hvitløk, finhakket
- ½ kopp ekstra virgin olivenolje
- Salt og pepper etter smak

BRUKSANVISNING:
a) Mos de bakte søtpotetene i en stor bolle til den er jevn.
b) I en separat bolle kombinerer du universalmel, salt, malt sort pepper og malt muskatnøtt.
c) Tilsett melblandingen gradvis i søtpotetmosen, bland godt til en myk deig dannes. Hvis deigen er for klissete, tilsett litt mer mel.
d) Ha deigen over på en lett melet overflate og elt den forsiktig i noen minutter til den er jevn.
e) Del deigen i små porsjoner. Rull hver del til en tauform, omtrent ½ tomme i diameter.
f) Skjær tauene i små biter, omtrent 1 tomme lange, for å danne gnocchi. Bruk en gaffel til å lage riller på hvert stykke om ønskelig.
g) Kok opp en stor kjele med saltet vann. Tilsett søtpotetgnocchi og kok dem til de flyter til overflaten. Dette bør ta ca 2-3 minutter. Fjern gnocchiene med en hullsleiv og sett dem til side.
h) Kombiner de friske rucolabladene, revet parmesanost, pinjekjerner, hakket hvitløk og ekstra virgin olivenolje i en foodprosessor. Bearbeid til blandingen danner en jevn pesto. Smak til med salt og pepper etter smak.
i) Varm litt olivenolje på middels varme i en stor panne. Tilsett den kokte søtpotetgnocchien og legg dem i pannen til de er godt belagt og gjennomvarmet.

j) Server søtpotetgnocchien med rucolapesto, drypp pestoen over gnocchien eller server den ved siden av. Nyt den deilige kombinasjonen av søtpotetgnocchi og smakfull rucolapesto.

94. Kastanje Og Søtpotet Gnocchi

INGREDIENSER:
GNOCCHI
- 1 + ½ kopp stekt søtpotet
- ½ kopp kastanjemel
- ½ kopp helmelk ricotta
- 2 ts kosher salt
- ½ kopp glutenfritt mel
- Hvit pepper etter smak
- Røkt paprika etter smak

SVAMP OG KASTANJE RAGU
- 1 kopp knappsopp, kuttet i 4
- 2-3 portobellosopp, kuttet i fine strimler
- 1 brett shimeji-sopp (hvit eller brun)
- ⅓ kopp kastanje, i terninger
- 2 ss smør
- 2 sjalottløk, finhakket
- 2 fedd hvitløk, finhakket
- 1 ts tomatpuré
- Hvitvin (etter smak)
- Kosher salt (etter smak)
- 2 ss frisk salvie, finhakket
- Persille etter smak

Å BLI FERDIG
- 2 ss olivenolje
- Parmesanost (etter smak)

BRUKSANVISNING:
GNOCCHI
a) Forvarm ovnen til 380 grader.
b) Stikk hull i søtpotetene med en gaffel.
c) Legg søtpotetene på et bakepapir med rander og stek i ca 30 minutter, eller til de er møre. La avkjøles litt.
d) Skrell søtpotetene og overfør dem til en foodprosessor. Puré til glatt.

e) I en stor bolle kombinerer du dr-ingrediensene (kastanjemel, salt, glutenfritt mel, hvit pepper og røkt paprika), og hold dem ved siden av.

f) Overfør søtpotetpuréen til en stor bolle. Tilsett ricottaen og tilsett ¾ av den tørkede blandingen. Ha deigen over på en tungt melet arbeidsflate og elt forsiktig inn mer mel til deigen kommer sammen, men fortsatt er veldig myk.

g) Del deigen i 6-8 stykker og rull hver del til et 1-tommers tykt tau.

h) Kutt tauene i 1-tommers lengder og dryss hver del med glutenfritt mel.

i) Rull hver gnocchi mot tindene på en melet gaffel for å lage små fordypninger.

j) Oppbevar den på et brett i kjøleren til du er klar til å bruke den.

SVAMP OG KASTANJE RAGU

k) I en varm panne, smelt smøret og tilsett en klype salt.

l) Tilsett sjalottløk, hvitløk og salvie og fres i 10 minutter til sjalottløken er gjennomsiktig.

m) Tilsett all soppen og fres på høy varme under konstant omrøring.

n) Tilsett tomatpuré og hvitvin og la det redusere til soppen er myk og mør.

o) Topp raguen med fersk hakket persille og kastanjer i terninger. Sette til side.

Å BLI FERDIG

p) Kok opp en stor kjele med saltet vann. Tilsett søtpotetgnocchi og kok til de flyter til overflaten, ca 3-4 minutter.

q) Bruk en hullsleiv til å overføre gnocchiene til en stor tallerken. Gjenta med de resterende gnocchiene.

r) Smelt 2 ss olivenolje i en stor sautépanne.

s) Tilsett gnocchi, rør forsiktig, til gnocchien er karamellisert.

t) Tilsett sopp Ragu og tilsett noen spiseskjeer av gnocchivannet.

u) Rør forsiktig og la det koke i 2-3 minutter på høy varme.

v) Server med et dryss parmesanost på toppen.

95. Søtpotet- og gulrotgnocchi

INGREDIENSER:
- 1 stor søtpotet, bakt og skrelt
- 1 stor gulrot, kokt og skrelt
- 2 kopper universalmel, pluss ekstra for støvtørking
- ½ ts salt
- ¼ teskje malt kanel
- ¼ ts malt muskatnøtt
- ¼ teskje malt ingefær
- Smør eller olivenolje til matlaging
- Friske salvieblader til pynt

BRUKSANVISNING:

a) Mos den bakte søtpoteten og den kokte gulroten i en stor bolle til den er jevn.

b) I en separat bolle kombinerer du universalmel, salt, malt kanel, malt muskat og malt ingefær.

c) Tilsett melblandingen gradvis til den moste søtpoteten og gulroten, bland godt til det dannes en myk deig. Hvis deigen er for klissete, tilsett litt mer mel.

d) Ha deigen over på en lett melet overflate og elt den forsiktig i noen minutter til den er jevn.

e) Del deigen i små porsjoner. Rull hver del til en tauform, omtrent ½ tomme i diameter.

f) Skjær tauene i små biter, omtrent 1 tomme lange, for å danne gnocchi. Bruk en gaffel til å lage riller på hvert stykke om ønskelig.

g) Kok opp en stor kjele med saltet vann. Tilsett søtpotet- og gulrotgnocchi og kok dem til de flyter til overflaten. Dette bør ta ca 2-3 minutter. Fjern gnocchiene med en hullsleiv og sett dem til side.

h) Varm opp litt smør eller olivenolje på middels varme i en separat panne. Tilsett den kokte søtpotet- og gulrotgnocchien og surr dem til de er lett brune og sprø.

i) Pynt søtpotet- og gulrotgnocchi med friske salvieblader før servering.

JERUSALEM ARTISJOKK

96. Vegetarisk Carpaccio

INGREDIENSER:
- 3 rødbeter i forskjellige farger; rosa, gul og hvit
- 2 gulrøtter i forskjellige farger; gul og lilla
- 2 jordskokker
- 4 reddiker
- 1 kålrot
- ¼ kopp olivenolje
- 4 ss vineddik
- 1 brødskive, i terninger
- 2 ss pinjekjerner
- 1 ss gresskarkjerner
- 2 ss valnøttolje
- 1 håndfull salat
- sjøsalt
- nykvernet sort pepper

BRUKSANVISNING :

a) Vask alle grønnsakene. Skjær i veldig tynne skiver med mandolin.

b) Ha i en bolle, hell eddik og olivenolje, og rør forsiktig med fingrene.

c) La stå i en time.

d) Stek brød med pinjekjerner og gresskarkjerner i en tørr stekepanne under konstant omrøring.

e) Anrett grønnsakene på en tallerken, og pynt med krutonger og frø.

f) Dryss over nøtteolje, salt og pepper.

g) Pynt med salatblader.

97.Jordskokker med granateple

INGREDIENSER:
- 500 g jordskokker
- 3 ss ekstra virgin olivenolje
- 1 ts nigella frø
- 2 ss pinjekjerner
- 1 ss honning
- 1 granateple, halvert på langs
- 3 ss granateplemelasse
- 3 ss feta, smuldret
- 2 ss flatbladpersille, hakket
- Salt og sort pepper

BRUKSANVISNING:

a) Forvarm ovnen til 200C/400F/gassmerke 6. Skrubb artisjokkene godt og halver eller kvart dem avhengig av størrelse. Legg dem på et stort stekebrett i ett lag og drypp med 2 ss olje. Krydre godt med salt og pepper og dryss så over nigellafrøene. Stek i 20 minutter eller til den er sprø rundt kantene. Tilsett pinjekjernene og honningen til artisjokkene de siste 4 minuttene av kokingen.

b) I mellomtiden, skyll ut granateplefrøene. Bruk en stor bolle og en tung tresleiv til å slå på siden av hvert halvert granateple til alle frøene har spratt ut. Fjern eventuelt merg. Hell saften i en liten bolle og tilsett granateplesirup og resterende olivenolje. Rør sammen til kombinert.

c) Når artisjokkene og pinjekjernene er klare, skje på et serveringsfat med frøene drysset over. Hell dressingen over alt og avslutt med et dryss feta og persille til servering.

98.Artisjokk Cilantro Cocktail

INGREDIENSER:
- 4 jordskokker
- 1 haug fersk koriander, ca 1 kopp
- 4 store reddiker, halet og trimmet
- 3 mellomstore røtter, trimmet

BRUKSANVISNING:
a) Bearbeid jordskokkene, en om gangen, gjennom den elektroniske juiceren i henhold til produsentens anvisninger.
b) Rull koriander til en ball for å komprimere og legge til.
c) Tilsett reddikene og gulrøttene.
d) Bland saften grundig for å kombinere og server over is etter ønske.

99. Stekt kylling med jordskokk

INGREDIENSER :

- 1 lb / 450 g jordskokker, skrellet og kuttet på langs i 6 kiler ⅔ tomme / 1,5 cm tykke
- 3 ss ferskpresset sitronsaft
- 8 skinn-på, utbenet kyllinglår, eller 1 middels hel kylling, delt i kvarte
- 12 bananer eller andre store sjalottløk, halvert på langs
- 12 store fedd hvitløk, i skiver
- 1 middels sitron, halvert på langs og deretter svært tynne skiver
- 1 ts safran tråder
- 3½ ss / 50 ml olivenolje
- ¾ kopp / 150 ml kaldt vann
- 1¼ ss rosa pepperkorn, lett knust
- ¼ kopp / 10 g friske timianblader
- 1 kopp / 40 g estragonblader, hakket
- 2 ts salt
- ½ ts nykvernet sort pepper

BRUKSANVISNING :

a) Ha jordskokkene i en middels kjele, dekk til med rikelig med vann og tilsett halvparten av sitronsaften. Kok opp, senk varmen og la det småkoke i 10 til 20 minutter, til de er møre, men ikke myke. Tøm og la avkjøle.

b) Ha jordskokkene og alle de resterende ingrediensene, unntatt den resterende sitronsaften og halvparten av estragonen, i en stor miksebolle og bruk hendene til å blande alt godt sammen. Dekk til og la stå i kjøleskapet over natten, eller i minst 2 timer.

c) Forvarm ovnen til 475°F / 240°C. Plasser kyllingbitene med skinnsiden opp i midten av en langpanne og fordel de resterende ingrediensene rundt kyllingen. Stek i 30 minutter. Dekk pannen med aluminiumsfolie og stek i ytterligere 15 minutter. På dette tidspunktet skal kyllingen være helt gjennomstekt. Ta ut av ovnen og tilsett den reserverte estragonen og sitronsaften. Rør godt, smak til og tilsett mer salt om nødvendig. Server med en gang.

100.Spinat Og Søtpotet Lasagne

INGREDIENSER:
- 2 til 3 store søtpoteter (ca. 2 pund), skrellet og kuttet i ½-tommers runder
- 2 store blomkålhoder, kuttet i buketter
- ¼ kopp pinjekjerner, ristet
- Usøtet vanlig mandelmelk, etter behov
- 3 ss næringsgjær, valgfritt
- ½ ts muskatnøtt
- 1½ ts salt
- 1 stor gul løk, skrelt og i små terninger
- 4 fedd hvitløk, skrelt og finhakket
- 1 ss finhakket timian
- ½ kopp finhakket basilikum
- 12 kopper spinat (ca 2 pund)
- Salt og nykvernet sort pepper etter smak
- 12 gram helkorn eller jordskokk-mel lasagne nudler, kokt i henhold til pakkens anvisninger, drenert og skylt til det er avkjølt

BRUKSANVISNING:
a) Legg søtpotetene i en dobbel kjele eller dampkurv og damp i 6 minutter, eller til de er møre, men ikke grøtaktige. Skyll til det er kjølig, renn av og sett til side.
b) Damp blomkålen i 6 til 8 minutter til den er veldig mør. Kombiner blomkål og pinjekjerner i en blender, i porsjoner om nødvendig, og puré til en jevn og kremaktig, tilsett mandelmelk om nødvendig. Tilsett pureen i en stor bolle og rør inn næringsgjæren (hvis du bruker), muskat og salt. Sette til side.
c) Legg løken i en stor stekepanne og fres på middels varme i 10 minutter. Tilsett vann 1 til 2 ss om gangen for å forhindre at det fester seg til pannen.
d) Tilsett hvitløk, timian, basilikum og spinat og stek i 4 til 5 minutter, eller til spinaten visner. Tilsett blomkålpureen og bland godt. Smak til med ekstra salt og pepper.
e) Forvarm ovnen til 350°F.

f) For å sette sammen lasagnen, hell 1 kopp av blomkålblandingen i bunnen av en 9 × 13-tommers bakebolle. Legg på et lag med lasagnenudler. Legg et lag søtpotet på toppen av nudlene.

g) Hell 1½ kopper av blomkålblandingen over søtpotetene. Topp med et nytt lag nudler, etterfulgt av et lag søtpoteter.

h) Legg på et nytt lag av blomkålblandingen. Topp med et siste lag med nudler og den resterende blomkålsausen. Dekk til med aluminiumsfolie og stek i 30 minutter.

i) Avdekke og stek i ytterligere 15 minutter, eller til gryten er varm og boblende. La stå i 15 minutter før servering.

KONKLUSJON

Når vi avslutter vår kulinariske reise gjennom "ROT VEGGIES KOKEBOKEN", håper vi du har opplevd gleden ved å mestre kunsten å rote grønnsaker. Hver oppskrift på disse sidene er en feiring av de jordiske smakene, ernæringsrikdommen og den kulinariske allsidigheten som rotgrønnsaker bringer til bordet ditt – et vitnesbyrd om de kulinariske mulighetene som ligger under overflaten.

Enten du har likt enkelheten til ristede rotgrønnsaker, omfavnet kreativiteten til innovative retter, eller utforsket de ernæringsmessige fordelene til forskjellige røtter, stoler vi på at disse oppskriftene har tent din lidenskap for matlaging med rotgrønnsaker. Utover ingrediensene og teknikkene, kan konseptet med å mestre rotgrønnsakskjøkken bli en kilde til inspirasjon, kreativitet og en feiring av naturens overflod.

Mens du fortsetter å utforske det kulinariske potensialet til rotgrønnsaker, kan "ROT VEGGIES KOKEBOKEN" være din pålitelige følgesvenn, og guide deg gjennom en rekke oppskrifter som viser rikdommen og allsidigheten til disse underjordiske skattene. Her er det å nyte den jordiske godheten, lage deilige måltider og feire rotgrønnsakenes essensielle rolle i ditt kulinariske repertoar.

NYT MÅLTIDET!

www.ingramcontent.com/pod-product-compliance
Lightning Source LLC
Chambersburg PA
CBHW071328110526
44591CB00010B/1069